Wohnen mit Weitblick

Wohnen mit Weitblick

Wegweiser
Wohnbaugenossenschaften

Jürgen Lang

Impressum

Copyright: Jürgen Lang, Fichtestraße 4, 79115 Freiburg
Jahr: 2021, 1. Auflage

ISBN: 978-9-4036-1678-0

Lektorat/Korrektorat: Jürgen Lang, Freiburg
Coverbild: Jürgen Lang, Freiburg
Covergestaltung: Bookmundo Direct
Weitere Mitwirkende: Keine

Verlag: Bookmundo Direct (Bookmundo ist ein Service von Mybestseller B.V., Delftestraat 33, 3013AE Rotterdam
Gedruckt in Deutschland

Die Deutsche Nationalbibliothek Frankfurt und Leipzig verzeichnet diese Publikation in der Deutschen Nationalbibliografie.

Inhalt

1 Vorwort ... 7
2 Wohnen ist Lifestyle ... 9
3 Wohnungsmarkt ... 13
4 Wunsch und Wirklichkeit ... 17
5 WBG ... 23
6 Wohnungssuche ... 27
7 Wohnungsbezug ... 31
8 Wohnen in Berlin ... 33
9 Wohnen in Düsseldorf ... 37
10 Wohnen in Erfurt ... 41
11 Wohnen in Freiburg ... 45
12 Wohnen in Halle (Saale) ... 49
13 Wohnen in Hamburg ... 53
14 Wohnen in Karlsruhe ... 57
15 Wohnen in Kiel ... 61
16 Wohnen in Leipzig ... 65
17 Wohnen in Wuppertal ... 69
18 Fazit ... 73
19 Quellen ... 75
20 Register ... 91
21 Über den Autor ... 103

Zitate

„Der wackre Mann findet überall eine Heimat.“
Friedrich Schiller, Dramatiker

„Dort ist meine Heimat, wo ich meine Bibliothek habe.“
Erasmus von Rotterdam, Gelehrter

„Ein Zuhause ist, wohin man geht, wenn einem die Orte ausgegangen sind.“
Barbara Stanwyck, Schauspielerin

„Heimat ist nicht da und dort. Heimat ist in dir drinnen oder nirgends.
Hermann Hesse, Schriftsteller

„Je kaputter die Welt da draußen, desto heiler muss sie zu Hause sein.“
Reinhard Mey, Musiker

„My home is my castle.“
Edward Coke, Richter und Politiker

1 Vorwort

Wohnen ist inzwischen ein Dauerthema in Deutschland. Eine wichtige Rolle kommt dabei den Wohnbaugenossenschaften zu. Was sie leisten und was der Mieter davon hat, zeigt das Buch praxisorientiert auf.

Anhand 10 Großstädten wurden dafür 100 Wohnungsangebote herausgesucht. Die 10 besten, mittleren Wohnungen dann analysiert sowie zusätzlich bewertet. Dabei lernen Sie das Wohnumfeld, nebst der Großstadt näher kennen. Dies erfolgte im Corona-Jahr, von Anfang Mai bis Ende Dezember 2020. Ein Ranking plus Register, runden das Ganze sinnvoll ab.

Die Buchidee ergab sich 2019, durch eine Broschüre zum neuen Gästewohnungsring. Der Buchtitel bezieht sich auf die langfristigen Vorteile, mit den Wohnbaugenossenschaften. Das Buchcover zeigt einen Weitblick auf die Remisen von Freiburg-Gartenstadt.

Freiburg im Breisgau, Januar 2021

Jürgen Lang

2 Wohnen ist Lifestyle

Das englische Wort Lifestyle bezeichnet einen Lebensstil, der dynamisch durch aktuelle gesellschaftliche Entwicklungen geprägt ist. Der Lifestyle umfasst die Erscheinung eines Menschen, seine Verhaltensweisen sowie Freizeitgestaltung. Die Themen reichen von Beauty, Fashion, Fitness, Health, Wohnen bis zu Events,, Reisen und zudem Nachhaltigkeit. Gegenüber der alten Generation Baby-Boomer (Geboren bis 1965) und der Generation X (Geboren bis 1980), hat die neue Generation Y (Geboren bis 1999) den Begriff noch mehr verändert. Grund ist das Aufwachsen in Zeiten von Krisen und Terror. Jetzt gehören eine individuelle Bildung, neue Familienmodelle, berufliche Unabhängigkeit, Digitalisierung und eine (oft) improvisierte Lebensplanung dazu. Im Kontext Wohnen oder Living, bezieht sich Lifestyle auf die Auswahl von Wohnort, der Wohnform und der Wohneinrichtung.

Da Wohnen in der Lebensrealität meist vom Geburtsort, Arbeitsort und Familienstand geprägt ist, zähle ich dies nur bedingt zum Lifestyle. Für mich bedeutet Lifestyle, die aktive, bewusste und zeitlich unabhängige

Wahl der oben genannten Attribute. Natürlich haben es hier Käufer oder Eigentümer leichter als Mieter. Trotzdem fehlt es vielen am Mut zur Veränderung und dem Wissen. Dazu soll das Buch beitragen. Geprägt wird der Lifestyle anfangs vom Elternhaus und den Verwandten. Später kommt das persönliche Umfeld dazu. In den letzten Jahrzehnten wirken Fernsehen, Reiseanbieter und Medien, stark auf unsere Meinungsbildung ein. Beispiele gefällig? Da währen Serien wie Die Chefin (München), Falk (Düsseldorf), In aller Freundschaft (Leipzig), Polizeiruf 110 (Halle) oder Tatort (Münster). Ferner gibt es den örtlichen Reiseanbieter, der gerade eine Busfahrt zur Elbphilharmonie Hamburg anbietet. Im Juni 2021 ab stolze 679 Euro. Erst kürzlich berichtete Der Standard, dass der Berliner Stadtteil Wedding den 6. Platz, im Ranking der 20 coolsten Stadtviertel der Welt, erreichte. Früher verlief dort die Berliner Mauer. Heute locken Grünflächen und Cafés. Ausrichter war das Magazin Time Out. Die ersten Plätze belegten Barcelona, Los Angeles, Hongkong. New York und Melbourne. Weitere Beispiele sind die Städte-Hymnen zu Hamburg (Auf der Reeperbahn nachts um halb eins), Mainz (Moi Stadt) sowie Köln (Viva Colonia). Dazu gibt es noch Regional-Hymnen.

Selbst am Aktienmarkt sind Wohnungen inzwischen ein lohnendes Geschäftsmodell (Wohnungswirtschaft 2.0) oder Ware. Die größten deutschen Immobilien-Aktien, nach Wohneinheiten (WE), waren 2019: Vonovia, Deutsche Wohnen, LEG Immobilien, TAG Immobilien, Grand City Properties, Adler Real Estate und GAG Immobilien. Bereits diese sechs Unternehmen vereinen 1 Million, aller privatwirtschaftlichen Wohnungen. Einige der Werte sind Dauerbrenner bei den täglichen Börsenempfehlungen namhafter Analysten. Die Lifestyle-Aktien werden hierzulande nicht explizit zugeordnet und sind verstreut über viele Einzelbranchen zu finden. Meist sind diese aber den Luxus-Aktien zugeordnet. Der Autor fast alle Werte zur 20. Hauptbranche Lifestyle und Luxusgüter von 30 zusammen. Bekannte Aktienwerte sind Apple (Computer und Smartphones), Chow Tai Fook (Schmuck), Hugo Boss (Bekleidung), Luxottica (Brillen), LVMH (Champagner und Handtaschen) sowie Richemont (Uhren). Durch die risikobereitere Anlegergeneration Millennials (Generation Y), haben sich neue Trends entwickelt. Zu den Lifestyle-Aktien gehören nun: Airbnb (Private Unterkünfte), Amazon.com (Online-Shopping mit Alexa und Kindle), Beyond Meat (Vegane

Nahrungsmittel), Canopy Growth (Cannabis), eBay (Online-Auktionen), Facebook (Soziale Medien mit Instagram und WhatsApp), Netflix (Filme, Serien und Streaming), Nintendo (Spielkonsolen mit Spielen) PayPal (Online-Bezahldienst), Peloton (Fitnessgeräte) oder TripAdvisor (Online-Reisebewertungen). Die Pendants in Deutschland heißen Borussia Dortmund (Bundesligaverein), CTS Eventim (Tickets), Delivery Hero (Bestellplattform für Essen), Scout24 (Online-Marktplätze zu Autos, Jobs, Partnersuche oder Wohnungen) sowie Zalando (Online-Shopping). Die aufgeführten Werte stellen nur Beispiele dar und sind keine spezifischen Börsenempfehlungen. Der Autor haftet nicht für etwaige Verluste, die aufgrund Ihrer Gedanken und Ideen entstehen.

3 Wohnungsmarkt

Um den boomenden Wohnungsmarkt in Deutschland, Teil der Immobilienwirtschaft, verstehen zu können, muss die primären Ursachen kennen. Das sind aus Autorensicht: Betongold, Bevölkerungswachstum, Lifestyle, anhaltende Niedrigzinsen und Urbanisierung.

Die Flucht in das Betongold hat zuletzt viel Geld generiert. Laut des BVI sind 2019 rund 300 Milliarden Euro in den Immobilienmarkt geflossen. Ein neuer Rekord. Davon ging ein steigender Anteil in den Wohnungsneubau. Mit 293.000 errichten Einheiten wurde sogar ein 20-Jahres-Hoch erreicht. Seit 2011 ist die Bevölkerungszahl jährlich gestiegen. Diese betrug zum 31.12.2019 83,167 Millionen Einwohner. Gegenüber der ersten Erhebung 1871, also zur Gründung des Deutschen Reiches, hat sich die Bevölkerungszahl sogar verdoppelt. Damals lag diese bei nur 41,059 Millionen. Während bis zu den 60er-Jahren, die natürliche Bevölkerungsentwicklung noch ursächlich war, ist es heute der positive Wanderungssaldo. Längst ist Deutschland ein Einwanderungsland geworden. Vielen wurde dieser Umstand offensichtlich erst durch die

Flüchtlingskrise 2015 bewusst. In 2019 lag die Zahl der Zuwanderer bei 1,56 Millionen. Unter Berücksichtigung der Abwanderung, verblieben noch rund 330.000 Menschen hier (Wanderungssaldo). Der Lifestyle, wie schon berichtet, trägt ebenso zur Nachfrage bei. Gerade Gutsituierte und Singles streben in die beliebten Wohlfühlstädte. Das sind Städte deren Arbeits-, Wohn- und Lebenssituation besonders hoch bewertet werden. Im letzen Städteranking 2019 waren in den Top 5: München, Erlangen, Stuttgart, Ingolstadt und Frankfurt am Main. Meine Geburtsstadt Karlsruhe landete auf dem 12. Platz und meine Wahlheimat Freiburg auf dem 14. Platz. Berlin, die Geburtsstadt meiner verstorbenen Mutter, kam lediglich auf einen 36. Platz. Das Schlusslicht bildete Gelsenkirchen (71. Platz). Bei dem Niveauranking wurden nur messbare Faktoren (Objektive Aspekte) verwendet und entsprechend gewichtet. Arbeitsmarkt mit 40 Prozent, Wirtschaftsstruktur mit 30 Prozent, Immobilienmarkt mit 20 Prozent und die Lebensqualität mit (nur) 10 Prozent. Eine weitere Ursache des Immobilienbooms sind ferner, die anhaltenden Niedrigzinsen. Diese machen Baufinanzierungen günstiger und Vermietungen rentierlicher. Der Trend zur

Urbanisierung ist bereits länger im vollen Gange. In Deutschland leben schon heute 78 Prozent in Städten oder den Ballungsgebieten. 2050 werden es 84 Prozent sein. Gerade die Millionenstädte sowie die Top-15 Großstädte entwickeln sich zu Magnet-Metropolen und herausfordernden Stadtgesellschaften. Damit einher geht leider das Armutsrisiko. In 2019 waren 6,4 Millionen Menschen betroffen. Die Armutsgefährdungsquote betrug damit 15,9 Prozent. In Duisburg war diese besonders hoch (28,5 Prozent) und In am niedrigsten (11,2 Prozent). Die Armutsbekämpfung ist seit 2016, einer der Ziele für nachhaltige Entwicklung der UN oder Vereinte Nationen (17 UN-SDGs). Nach dem Zukunftsforscher Paul Krugman, entstehen und wachsen Städte überhaupt erst, durch die starke Anballung von Produktionsfaktoren und ihrer Nachfrage. Alle Städte der Welt decken zwar nur 3 Prozent der Erdoberfläche, aber 80 Prozent der Wirtschaftsleistung ab.

Die Schattenseiten des Wohnungsmarktes: Entmietung, Mietnomaden, Mietenwahnsinn, Sexuelle Belästigung (Wohnungsbewerbung), Wohnungskündigung (Der Fall Frank Zander), Wohnraummangel (Der Fall Stadtgarten und

Obdachlosigkeit) sowie Wohnungspolitik z. T. (Armut, B. Mietendeckel, Mietpreisbremse, Sozialwohnungen u. a. m.) Auch im Corona-Jahr gingen, als Gegenpol, viele Proteste und zudem Hausbesetzungen weiter. Inzwischen beteiligen sich Obdachlose an den Aktionen. Besonders in der Hauptstadt Berlin ist die Stimmung explosiv. Hier richtet sich die Wut hauptsächlich gegen Großinvestoren, wie Deutsche Wohnen und Heimstaden. Ferner haben sich feste Protestbewegungen formiert: Housing Action Day in Berlin, MietenMove in Hamburg oder BI Wohnen ist Menschenrecht (WiM) in Freiburg. Mit der Protestbewegung haben sich weitere Wohnbegriffe entwickelt: Gentrifizierung, Immobilienhaie, Kleine Fische und Miethaie, Recht auf Stadt (Nach dem Buch von Henri Lefebvre). Neuere Begriffe sind Apartment, Coliving (WG Jüngere) oder Silver Living (WG Ältere), Interieur, Loft und Smart Home. Der Begriff Platte für Plattenbau oder Plattenbauweise hat sich bis heute gehalten und ist, trotz aller Renovierungsbemühungen, negativ besetzt. Details zu allen genannten Punkten, finden Sie in den Quellen.

4 Wunsch und Wirklichkeit

Alle Mieter wünschen sich günstige Mieten und schimpfen auf Mieterhöhungen. Wie der Spiegel-Artikel Mieten in Deutschland. Not im Wohlstand von 1972 aufzeigt, war dies bereits zur Zeit meiner Eltern so. Teils kräftige Lohnerhöhungen wurden immer wieder, durch stetige Mieterhöhungen aufgefressen. Es drohte Deutschland bereits damals ein finanzieller Kollaps. In den Jahren von 1961 bis 1971 stiegen die Einzelhandelspreise um 18 Prozent, die Lebenshaltungskosten um 30 Prozent und die Mieten sogar um 73 Prozent.

Auf den Straßen westdeutscher Großstädte formierten sich immer häufiger Mieter zu einem spontanen Protestmarsch. Übrigens früher hieß es noch Mieterhöhungs-Begehren, Mietbefehl, Lokus (Toilette), Wohnungsgeber, Wohnzins, Mietschub, Durchschnitts-Chiffren, Mietluxus, Mietaufsicht, Baracken, Mietshaus-Krösus, Schickeria-Viertel, Mietverzerrung und Nissenhütten. Die Wohnbegriffe haben sich deutlich geändert. Doch von welcher Miete reden wir eigentlich? Was ist überhaupt eine günstige Miete und wie hoch ist die so genannte Marktmiete heute?

Wenn von der Miete allgemein gesprochen wird, handelt es sich um die Kaltmiete, einer Nutzungsgebühr für überlassenen Wohnraum. Die Warmmiete ist die Kaltmiete plus die Betriebskosten. Bei der Gesamtmiete sind alle Kosten, also Garagenplatz, Kabelanschluss, Strom und Wasser, eingerechnet. Werden zukünftige Mieterhöhungen im Mietvertrag vereinbart, handelt es sich entweder um eine Indexmiete (Koppelung an die Inflation) oder eine Staffelmiete (Meist öffentlich geförderter Wohnraum) als Quadratmeterpreis. Um die eigene Miete besser einschätzen zu können, wird überdies zwischen der Bestandmiete (Ortsübliche Entgelte der letzten 4 Jahre), der Durchschnittsmiete (Ortsübliche Entgelte von allen Mietspiegeln), der Marktmiete (Oft auch Neuvertragsmiete), der s. g. Mietspiegelmiete (Miete entspricht dem Quadratmeterpreis des Mietspiegels), der Schattenmiete (Differenz Marktmiete zum Berliner Mietendeckel von 7 Euro) sowie der Vergleichsmiete (Ortsübliche Entgelte der letzten 6 Jahre) unterschieden. Letztere werden regelmäßig im örtlichen Mietspiegel veröffentlicht. Alle Angaben als Quadratmeterpreis. Über die Schattenmiete entscheidet das Bundesverfassungsgericht im Juni 2021.

Der Volkswirt Ralph Henger (Institut der deutschen Wirtschaft) sieht 25 Prozent des verfügbaren Einkommens als vernünftiges Maß für eine Mietbelastung an. Und wie sieht die Wirklichkeit aus? In meiner Wahlheimat Freiburg, sind es sogar bis zu 48 Prozent (Geringverdiener-Haushalt). Damit rangiert die Schwarzwaldmetropole, nach München und Frankfurt am Main, auf dem 3. Platz. Berlin liegt gleichauf. Es folgen Stuttgart, Hamburg, Heidelberg, Düsseldorf und Köln. Mit zunehmenden Einkommen sinkt klar die Mietbelastungsquote, im Freiburger Beispiel auf 38 Prozent (Normalverdiener-Haushalt) und 30 Prozent (Gutverdiener-Haushalt). Am günstigsten, laut dem Portal Immowelt, war Bremerhaven mit einer Belastung von nur 14 Prozent, bei einem Geringverdiener-Haushalt. Bei der Analyse von 79 deutschen Städten, wurden das Haushaltsnettoeinkommen (HNE) und alle Nebenkosten berücksichtigt.

Nach dem letzen Mietspiegelindex 2019, vom Hamburger Forschungsunternehmen F+B, betrug die Durchschnittsmiete 6,92 Euro für eine Musterwohnung mit 65 Quadratmeter in mittlerer Lage und Ausstattung. Die Studie untersuchte dabei die offiziellen Mietspiegel von 350 Städten in Deutschland, ab 20.000 Einwohner. Hier Ausschnitte von Kaltmieten als Quadratmeterpreis: Karlsfeld (München) 10,62 Euro, München 10,45 Euro, Stuttgart 9,97 Euro, Berlin (Westteil) 7,27 Euro und Berlin (Ostteil) 6,58 Euro. Da Die Berlin mit über 1,6 Millionen Mietwohnungen und 85 Prozent Mietanteil, Deutschlands größte Mieterstadt ist, übt diese eine Signalfunktion aus. Hohe Mietpreissteigerungen gab es in den Speckgürtelgemeinden. Dort haben sich die Mieten in 10 Jahren quasi verdoppelt. Die Marktmieten liegen höher. Der errechnete Medianwert des Portals Wohnungsbörse.net, kommt bundeswert auf 9,35 Euro (Bis 100 qm), 8,24 Euro (Bis 60 qm) und 12,28 Euro (Bis 30 qm) im November 2020. Das bereits genannte Portal Immowelt hatte noch 2018, bei vergleichbaren Wohnungsgrößen, jeweils 8,00 Euro, 7,00 Euro und 9,50 Euro ermittelt.

Wie geht es am Mietwohnungsmarkt weiter? Trotz der Corona-Krise sind die Mieten weiter gestiegen. Im 2. Quartal 2020 um 1 Prozent gegenüber 1,40 Prozent im 1. Quartal 2020. Nur Staatshilfen und das Mietenmoratorium konnten noch Schlimmeres verhindern. Ein schnelles Ende der Pandemie ist nicht in Sicht.

Der hiesige Wohnungsmarkt bietet bereits Lösungen an. Da gibt es das lobenswerte Mietshäuser Syndikat, welches langfristig wirklich bezahlbare Wohnungen schafft. Es ist selbstorganisiert und arbeitet ausschließlich im Gemeineigentum. Aktuell ist das MHS an 154 Hausprojekten beteiligt. Das Münchner Projekt Wohnen für alle, zeigt ebenfalls wie es geht. Seit dem Stadtratsbeschluss von 2016, sind bereits 791 Wohnungen entstanden. Bis Ende 2020 sind 3.000 Wohneinheiten geplant. Kaltmiete oder auch Mietpreis: 9,55 Euro pro Quadratmeter. Ein weiteres Beispiel liefert die beliebte Öko-Stadt Freiburg im Breisgau. Dort entsteht gleich ein kompletter Stadtteil. In Dietenbach sollen bald 6.900 Wohnungen für 15.000 Einwohner entstehen. Baubeginn ist frühestens ab 2022. Es wäre dann einer der größten Bauprojekte in ganz Deutschland. Das umstrittene Projekt wurde erst 2019, per Bürgerentscheid, endgültig entschieden. Viele Befürworter erhoffen sich damit eine Antwort auf Wohnungsnot und explodierende Mieten. Auch die neue Mietpreisbremse ist eine Lösung. Eine Neuvertragsmiete darf nur noch 10 Prozent über der örtlichen Vergleichsmiete liegen (Baden-Württemberg). 89 Städte und Gemeinden haben sich bereits angeschlossen.

5 WBG

Die Wohnbaugenossenschaften (WGB) sind Genossenschaften mit dem primären Ziel, einer preisgünstigen Wohnraumversorgung. Gleichbedeutende Begriffe sind auch Bau-, Wohnungsbau- und Siedlungsgenossenschaft sowie Bau- und Wohnverein. Von den 41,3 Millionen Wohneinheiten (WE) in ganz Deutschland, befindet sich die eine Hälfte (20,8 Mill.) im Geschosswohnungsbau und die andere Hälfte in Form von Häusern. Vom Anteil des Geschosswohnungsbaus, sind nur knapp 9 Millionen Wohnungen im Besitz von professionell-gewerblichen Anbietern. Diese machen wiederum, weniger als ein Viertel des gesamten Wohnungsbestandes aus. Zu dieser Gruppe von Anbietern, gehören hauptsächlich die privatwirtschaftlichen und kommunalen Wohnungsunternehmen sowie die rund 2.000 Wohnbaugenossenschaften. Letztere verfügen über 2,1 Millionen Wohnungen und bieten Wohnraum für 5 Millionen Menschen. Der Renovierungsstand liegt bei rund 90 Prozent.

Auch wenn ihr Anteil am Mietwohnungsmarkt eher gering ist, kommt dieser im Bezug auf bezahlbaren Wohnraum, eine wichtige Rolle zu. Es kann sich nicht jeder Wohneigentum leisten. Einige Bürger schon. Mit 42,1 Prozent Wohneigentumsquote, zählt Deutschland zu Europas Schlusslichtern.

Um auf das Genossenschaftliche Wohnen aufmerksam zu machen, haben sich derweil mehr als 400 Wohnbaugenossenschaften zu einer Marketinginitiative formiert. Unter dem Slogan Dein Zuhause. arbeiten diese daran, die Marke und Solidargemeinschaft bekannter zu machen sowie zu untermauern. Auf den Webseiten der Initiative, gibt es Berichte aus den Regionen oder über Neubauten, Blogs, Karrieremöglichkeiten sowie viele Weblinks zu den Gästewohnungen und den einzelnen Wohnbaugenossenschaften. Doch was steckt hinter der Alternative? Was sind generell die Vor- und Nachteile?

Wohnen bei einer WBG ist so sicher wie Eigentum und so flexibel wie Miete. Wer in einer solchen Genossenschaft wohnt, ist weit mehr als Mieter. Er oder sie zahlt auch keine Miete, sondern eine Dauernutzungsgebühr. Die Wohnungen, vereinzelt auch Wohnhäuser, sind in Gemeineigentum der Genossenschaft, die wieder ihren Mitgliedern gehört. Dieses

Modell macht Wohnen erschwinglich und stellt die Interessen der Bewohner in den Vordergrund. Inzwischen werden bundesweit rund 300.000 Mitglieder betreut.

Die Hauptvorteile von einer Beteiligung an einer Wohnbaugenossenschaft sind der Preis, die Sicherheit und die persönliche Betreuung. Nur seriöse Genossenschaften wirtschaften vorrangig für ihre Mitglieder und sind nicht primär gewinnorientiert. Aus diesem Grund zahlen Sie eine günstigere Miete, die oft unter dem lokalen Mietspiegel liegt. Sicherheit erhalten Sie als Mieter, durch ein lebenslanges Wohnrecht. Das ist im Dauernutzungsvertrag verbrieft. Lesen Sie hierzu immer die genauen Mietbedingungen, nach der jeweils geltenden Satzung, gut durch. Besonders im Falle von Mängeln und Schäden, zeigt sich eine funktionierende Betreuung. Weitere Vorteile sind Dividenden auf Geschäftsanteile und Geldanlagen (Sparkonten, Sparbriefe und Bonussparverträge). Über eine entsprechende Spareinrichtung verfügen nur lediglich 46 Wohnbaugenossenschaften. Trotz Zinstiefs werden noch zwischen 1,5 und 5 Prozent Dividende bezahlt. Allerdings schwankt die Höhe, der zugrundeliegenden Geschäftsanteile sehr stark. Es geht von 15,50 Euro bei der WCW in Chemnitz, bis zu 1.500 Euro bei der Hansa Baugenossenschaft in Hamburg. Hinzu kommt noch das Eintrittsgeld bis zu 50 Euro. Ein anderer Pluspunkt ist das so genannte Mitbestimmungsrecht. Hier können Sie an der Mitgliederversammlung teilnehmen und die Geschäftspolitik teils mitgestalten. Vielleicht stellen Sie sich als Vertreter zur Verfügung. Abschließend ist der der Mitgliederservice zu erwähnen. Dazu gehören beispielsweise: Ausleihe, Beratungen (Mietschulden, Pflege Wohnen und Sicherheit), Betreutes Wohnen, Gästewohnungen, Maklerservice, Mietertreffs, Mittagstisch, Mitgliederreisen und -zeitung sowie verbilligte ÖPNV-Tickets.

Die Nachteile sind der Aufnahmestopp und die Risiken durch Nachschusspflicht oder Konkurs. Da sich viele Pflichteinlagen um die 1.000 Euro bewegen, ist das Risiko aus Sicht des Autors überschaubar. Hinzukommen die späte Rückzahlung von Geschäftsanteilen. Die Kündigungsfristen können bis zu fünf Jahre betragen. Aufgrund fester Wohngebiete ist das Angebot vorwiegend auf zwei bis zehn Stadtteile oder Stadtbezirke begrenzt.

6 Wohnungssuche

Die wenigsten Menschen ziehen freiwillig um, denn das ist mit sehr viel Arbeit verbunden. Laut dem Portal umzugsauktion.de, sind die häufigsten Umzugsgründe (Stand von 2017): Liebe, Familie, Beruf, Immobilienerwerb und wohnungsbezogene Gründe. Das sind meist Wohnungskosten, Mängel oder Kündigung.

Mit rund 2.000 Wohnbaugenossenschaften, bei steigenden Neugründungen, gibt es eine riesige Auswahl. Diese befinden sich aber meist nicht am Wunschort oder es gibt einen Aufnahmestopp. Ferner stellt sich die Frage der Seriosität. Im Zweifel fragen Sie zu beidem Punkten, beim GdW, den Verbänden oder der örtlichen Verbraucherzentrale nach. Details zum Fall GENO Wohnbau können Sie den Quellen entnehmen. Wichtig für Mieter sind ein möglichst großer Wohnungsbestand, regelmäßige Wohnungsangebote sowie eine schnelle Wohnungsvergabe. Derzeit haben die größten Wohnungsbeständet: WG Aufbau Dresden (17.016), Neue Lübecker (15.453), BVE in Hamburg (14.005), GS in Dresden (12.980) und Spar- und Bauverein Dortmund (11.638). Doch wollen Sie dort auch wohnen?

Der Autor nimmt Ihnen die Vorarbeit ab und schlägt 10 Großstädte, von 81 in Deutschland, vor. Die wichtigsten Auswahlkriterien waren: Attraktivität, Bekanntheitsgrad, Eignung als Altersruhesitz, Großstadt, Lage sowie Sitz einer Wohnbaugenossenschaft.

Wenn Sie schon in Berlin, Düsseldorf, Erfurt, Freiburg, Halle (Saale), Hamburg, Karlsruhe, Kiel, Leipzig oder Wuppertal leben, haben wir schon etwas gemeinsam. Diese Großstädte sind lebenswert und auch als Altersruhesitz gut geeignet. 60 Prozent davon liegen in Westdeutschland (Norden, Mitte und Süden) sowie 40 Prozent in Ostdeutschland. Zwei sind eine Metropolen. Leider konnten weitere Favoriten wie Darmstadt, Frankfurt am Main, Kassel, Köln, Mainz, Mannheim, München, Stuttgart, Wiesbaden und auch Worms nicht berücksichtigt werden. Bis auf Kiel, Leipzig und Wuppertal sind alle dem Autor, durch Beruf, Ehrenamt und Hobby, bekannt. Doch ist diese Auswahl überhaupt objektiv? Dazu schauen wir nochmals auf das Städteranking 2019. Dort haben sich, analog vergleichbarer Rankings zur Lebensqualität, gleich mehrere Hauptkategorien herausgebildet: Sicherheit, Gesundheit, Infrastruktur, Mietniveau, Kultur und Umwelt. Diese werden wieder in weitere, die messbare Faktoren, unterteilt. Im letzten Städteranking 2019 (Top 25), haben hier abgeschnitten: Autobahnanbindung (Kiel, Wuppertal und Darmstadt), Lebenserwartung (München, Freiburg und ferner Karlsruhe). Naturnahe Fläche (Darmstadt, Freiburg und Berlin), Wohnungsmiete (Mannheim, Berlin und Karlsruhe) sowie Kriminalität (München, Darmstadt und Wiesbaden. Es ist zu beachten, dass Rankings stets Momentaufnahmen sind und starken Schwankungen unterliegen. Wie sieht es hier international aus? Beim Mercer-Ranking 2019 (Quality of Living) sind sogar deutsche Großstädte dabei. In den Top 20 sind München (Platz 3), Düsseldorf (Platz 6), Frankfurt am Main (Platz 7), Berlin (Platz 13) und Hamburg (Platz 19). Die Sieger waren zusammengefasst: Wien, Zürich, Vancouver, München und Auckland. Die Studie wurde von der Unternehmensberatung Mercer, mit Sitz in Frankfurt am Main, verfasst.

Jetzt kommen die Wohnbaugenossenschaften. Es wurden nur bekannte Anbieter ausgewählt, die über einen größeren Bestand verfügen. Außerdem mussten alle Wohnungsangebote zwingend einsehbar sein. Die Ausgewählten mit Wohnungsbestand sind: DPF (3.835), DÜBS (1.800), WBG Zukunft (5.593), BVB (5.000), Frohe Zukunft (5.607), Bauverein Reiherstieg (1.543), Gartenstadt Karlsruhe (2.000), WBG Kiel-Ost (1.498), VLW (6.400) und ABG Wuppertal (1.104). Nur Erfurt und Hamburg verlangen für eine Mitgliedschaft, auch eine Wohnungsbewerbung. Sehr viele Wohnungen bieten Halle (Saale), Leipzig und Wuppertal an. Einige Sozialwohnungen gibt es in Berlin und Düsseldorf. Die Stadt am Rhein bietet sogar Seniorenwohnungen. Möbliertes Wohnen und WG-Wohnungen an. Alle der aufgezählten Wohnbaugenossenschaften hat inzwischen einige Gästewohnungen. Viele im davon im Verbund.

Für die spätere Wohnungsvergabe, sollten Sie mehrere Monate Wartezeit einplanen. Der Zuschlag erfolgt durch den Vorstand nach Dringlichkeit, Dauer der Mitgliedschaft sowie Ihrer persönlichen Bonität. Geregelt wird dies in den Vergabegrundsätzen. Es besteht kein Rechtsanspruch auf eine Wohnungszuteilung. Auf der Wohnungswarteliste des BVB stehen derzeit 2.300 Menschen zu 5.000 Wohnungen. Die Fluktuation beträgt niedrige 5,9 Prozent.

7 Wohnungsbezug

Nach der erfolgreichen Wohnungsbewerbung mit der Wohnungsvergabe, jetzt etwas zum Dauernutzungsvertrag, den Geschäftsanteilen sowie der Mietkaution.

Bereits mit der Wohnungsbewerbung haben Sie im Regelfall schon Einkommensnachweise, eine Vermieterbescheiningung oder einen Wohnberechtigungsschein (WBS) vorgelegt. Diese sind inzwischen in vielen Großstädten verbreitet. Infos und Anträge gibt es in Ihrer Stadt (Wohnungsamt). Im Internet gibt es sogar einen WBS-Rechner. Leider nimmt der Anspruch auf eine günstige Sozialwohnung ständig zu. Im badischen Lahr hat inzwischen jeder zweite Bürger einen Anspruch. Auch gibt es einen historischen Tiefstand bei den Sozialwohnungen. Ende 2019 waren es nur noch 1,14 Millionen.

Die Wohnnungsbaugenossenschaften nennen die Verträge zur Überlassung von Wohnraum nicht Mietvertag sondern Nutzungsvertrag oder Dauernutzungsvertrag. Rechtlich gelten auch hier die Gesetze des Bürgerlichen Gesetzbuch (BGB). Das Mietrecht ist komplex und regelt die Rechte und Pflichten zwischen Mieter und Vermieter. Beliebte Streitpunkte sind teils Hausordnung, Lärm aller Art, Nebenkosten, Mieterhöhungen und Schäden. Gegengenfalls sichern Sie sich über einen Mieterverein oder eine Rechtschutzpolice ab.

Die Geschäftsanteile betragen für die jeweils günstigste 1-Zimmer-Wohnung: 480 Euro in Kiel, 500 Euro in Wuppertal, 620 Euro in Leipzig, 750 Euro in Erfurt, 775 Euro in Berlin, 930 Euro in Freiburg, 1.000 Euro in Halle (Saale), 1.085 Euro in Hamburg, 1.400 Euro in Düsseldorf sowie und 1.560 Euro in Karlsruhe. Eine Mietkaution verlangt nur der BVB in Freiburg. Hier entsprechend 840 Euro. Das Eintrittsgeld kommt gegebenenfalls noch hinzu.

Viele Vordrucke und Checklisten erhalten Sie heutzutage online bei Genossenschaften oder Deutscher Mieterbund in Berlin. Dazu zählen Bürgschaftserklärung, Nutzerselbstauskunft, Hausordnung, Übergabeprotokoll und andere mehr. Nützliche Checklisten gibt es zu den Themen Betriebskosten, Energie und Wasser.

8 Wohnen in Berlin

Berlin ist nicht nur Deutschlands Hauptstadt, sondern auch Weltstadt der Kultur, Politik, Medien und Wissenschaften sowie Teil der Metropolregion Berlin/Brandenburg. Es gibt viele Gewässer, Parks und Wälder, sowie ein sehr gutes U-Bahn-System. Die Eventstadt hat rund 3,7 Millionen Einwohner (2020). Leider ist Berlin auch eine Kriminalitätshochburg. Sehenswert sind u. a. Alex (Fernsehturm), Alexanderplatz (Weltzeituhr) Brandenburger Tor, Gedächniskirche, Reichstag (Parlament) und Zoologischer Garten. Die Stadtthemen in 2020: 100 Jahre Groß-Berlin, Baustart Estrel-Tower und Tesla-Gigafactory, Einweihung Flughafen Berlin-Brandenburg sowie Clan-Kriminalität.

Bei der Wohnungsbaugenossenschaft DPF eG wurden vom 26. Mai bis 12. Oktober 2020, 10 Wohnungen herausgesucht. Davon 3 kleine (1-Zi.-Whg.), 4 mittlere (2-Zi.-Whg.) und 3 große Wohnungen (3-Zi.-Whg.). Das Baujahr reichte von 1959 bis 2004. Die Angebote kamen aus den Stadtteilen Friedrichsfelde (3), Pankow (3), Marzahn (2), Karlshorst (1) und Mitte (1). Die kleinen Wohnungen hatten eine

Kaltmiete von 7,20 bis 9,50 Euro sowie eine durchschnittliche Gesamtmiete von 11,08 Euro pro qm. Bei den mittleren Wohnungen variierte die Kaltmiete von 6,58 bis 11,00 Euro. Die durchschnittliche Gesamtmiete war hier 10,62 Euro pro qm. Eine Kaltmiete von 5,91 bis 9,38 Euro und eine durchschnittliche Gesamtmiete von 9,57 Euro pro qm, ergaben sich bei den großen Wohnungen.

Der Autor empfiehlt eine 2-Zimmer-Wohnung im Stadtteil Pankow, Westerlandstraße 1 a, 13189 Berlin. Die Wohnung befindet sich im Erdgeschoss (5 Etagen), hat 55,74 qm sowie Zentralheizung mit Energieausweis (Grün). Baujahr 1959.

Das Wohnobjekt verfügt über einen großen verglasten Balkon mit eigenem Mietergarten, modernes Duschbad mit wandhängendem WC und Handtuchheizkörper, PVC-Bodenbelag mit einer Laminatoptik, einbruchhemmende Wohnungseingangstür, Küche und Bad mit Fenster, Ceran-Herd und Spüle sowie einen multimedialen Breitbandkabelanschluss. Der Zustand der Wohnung wurde mit gepflegt angegeben. Gegebenenfalls muss noch selbst renoviert werden.

Die Wohnung ist nur drei Gehminuten von der U-Bahn-Station (2 Vinetastraße) entfernt und liegt inmitten von großflächigen Grünanlagen. Kleine Geschäfte und Dienstleister sowie das Rathaus-Center sind in der Nähe. Pankow ist Berlins bevölkerungsreichster Stadtteil und wurde im Jahr 1920, durch das Groß-Berlin-Gesetz, erst eingemeindet. Der Stadtteil hatte zuletzt 409.335 Einwohner (2019). Bekannt wurde Pankow besonders ab 1983, durch den Song Sonderzug nach Pankow, von Udo Lindenberg. Dieser gehört auch zu den Städte-Hymnen. Erwähnenswert sind Pratergarten, Weißer See sowie Wohnstadt Carl Legien (UNESCO-Weltkulturerbe).

Kostenübersicht
Kaltmiete 510,58 Euro
Nebenkosten 81,31 Euro
Heizkosten 36,23 Euro
Gesamtmiete 628,19 Euro

Genossenschaftsanteile
1.811,00 Euro

Kaltmiete pro Quadratmeter
9,16 Euro (Stand 16.11.2020)

Abbildung 1: Wohnobjekt in Berlin-Pankow

Bewertungspunkte = 17

9 Wohnen in Düsseldorf

Düsseldorf ist nicht nur Landeshauptstadt von Nordrhein-Westfalen, sondern auch Teil der Metropolregion Rhein-Ruhr. Ferner ist die Großstadt ein Finanz- und Messeplatz sowie auch im Kunsthandel führend. Es gibt viele Gewässer, Naturschutzgebiete und Parks. Der ÖPNV-ist sehr gut ausgebaut und dem Verkehrsverbund Rhein-Ruhr angeschlossen. Die bekannte Karnevalshochburg hat 621.877 Einwohner (2019). Sehenswert sind Aquazoo, Königsallee, Rheinkniebrücke, Rheinturm, Neuer Zollhof (Medienhafen) und Ständehaus mit Park. Die Stadtthemen in 2020: Borussia Düsseldorf gewinnt CL im Tischtennis, Messe boot, Rosenmontagszug sowie Gedränge am Flughafen Düsseldorf (Corona-Testzentrum).

Bei der DÜBS oder Düsseldorfer Bau- und Spargenossenschaft eG wurden vom 22. Mai bis 9. Dezember 2020, wieder 10 Wohnungen herausgesucht. Davon 3 kleine (1-Zi.-Whg.), 4 mittlere (2-Zi.-Whg.) und 3 große Wohnungen (3-Zi.-Whg.). Das Baujahr reichte von 1962 bis 2000. Die Wohnangebote kamen aus den fünf Stadtteilen Eller (3), Garath (3), Rath (2), Flingern (1) und Lichtenbroich (1). Die kleinen Wohnungen hatten eine Kaltmiete von 5,28 bis 8,30 Euro sowie eine Gesamtmiete im Durchschnitt von 8,85 Euro pro qm. Bei den mittleren Wohnungen variierte die Kaltmiete von 8,00 bis 9,50 Euro. Die durchschnittliche Gesamtmiete war hier 10,79 Euro pro qm. Eine Kaltmiete von 7,00 bis 10,31 Euro und eine durchschnittliche Gesamtmiete von 10,69 Euro pro qm, ergaben sich bei den großen Wohnungen.

Der Autor empfiehlt eine 2-Zimmer-Wohnung im Stadtteil Garath, Neustrelitzer Straße 1, 40595 Düsseldorf. Die Wohnung befindet sich im 6. Obergeschoss (9 Etagen), hat 54,26 qm sowie Fernwärme mit Energieausweis (Grün). Baujahr 1966.

Das Wohnobjekt verfügt über ein ideal geschnittenes Wohnzimmer, ein gemütliches Schlafzimmer, eine Diele, ein Duschbad und einen praktischen Abstellraum. Ein Highlight ist der große Balkon mit Weitblick, der als Wintergarten gestaltet ist und ganzjährig benutzt werden kann. Das Wohmhaus hat einen Aufzug und ist sehr gepflegt. Im Jahr 2008 wurde umfangreich saniert. Der Zustand der Wohnung wurde leider nicht angegeben.

Gegebenenfalls muss noch selbst renoviert werden.

Die Wohnung ist nur wenige Gehminuten von der S-Bahn-Station (6 Garath) entfernt und liegt beim Stadtwald. Einkaufsmöglichkeiten, Gastronomie und eine große Freizeitstätte sind ebenfalls in unmittelbarer Nähe. Der Stadtteil Garath liegt im Süden und hatte zuletzt 19.050 Einwohner (2016). Bekannt ist Garath durch das gleichnamige Wohnprojekt. In den Jahren 1961 bis 1972 wurden dort 8.000 Wohnungen gebaut. Erwähnenswert sind Freizeitstätte Garath, Schloss Garath sowie St. Matthäus.

Kostenübersicht
Kaltmiete 434,08 Euro
Nebenkosten 110,00 Euro
Heizkosten 55,00 Euro
Gesamtmiete 599,08 Euro

Genossenschaftsanteile
2.800,00 Euro

Kaltmiete pro Quadratmeter
8,00 Euro (Stand 15.10.2020)

Abbildung 2: Wohnobjekt in Düsseldorf-Garath

Bewertungspunkte = 18

10 Wohnen in Erfurt

Erfurt ist Landeshauptstadt, Oberzentrum und größte Stadt von Thüringen. Auch ist die Großstadt ein führender Messeplatz sowie Wirtschaftsstandort. Es gibt einige Gewässer, Naturschutzgebiete und Parks. Der ÖPNV ist gut ausgebaut und dem Verkehrsverbund VMT angeschlossen. Die Kulturstadt hat 214.417 Einwohner (2020). Leider ist Erfurt auch eine Kriminalitätshochburg. Sehenswert sind Erfurter Dom mit Severikirche, Erfurter Hof, Fischmarkt, Krämerbrücke, Zitadelle Petersberg und Zoo. Die Stadtthemen in 2020: BUGA 20121, Karnevalsumzug, Erfolgreiche KiKA-Jahresbilanz sowie Anger gefährlichster Ort in Thüringen.

Bei der WBG Zukunft eG wurden vom 22. November bis 22. Dezember 2020, wiederum 10 Wohnungen herausgesucht. Davon 3 kleine (1-Zi.-Whg.), 4 mittlere (2-Zi.-Whg.) und 3 große Wohnungen (3-Zi.-Whg.). Das Baujahr reichte von 1959 bis 1981. Die Wohnangebote kamen aus den fünf Stadtteilen Moskauer Platz (4), Johannesplatz (2), Roter Berg (2), Ilversgehofen (1) und Rieth (1). Die kleinen Wohnungen hatten eine Kaltmiete von einheitlich wenigen 5,90 Euro sowie eine durchschnittliche Gesamtmiete von 8,40 Euro pro qm. Bei den mittleren Wohnungen variierte die Kaltmiete von 5,60 bis 7,00 Euro. Die durchschnittliche Gesamtmiete war hier 8,83 Euro pro qm. Eine Kaltmiete von 5,30 bis 5,60 Euro und eine Gesamtmiete im Durchschnitt von 8,00 Euro pro qm, ergaben sich bei den großen Wohnungen. Die etwas niedrigeren Mieten sind der überwiegenden Siedlungsstruktur Plattenbau geschuldet.

Der Autor empfiehlt eine 2-Zimmer-Wohnung im Stadtteil Rieth, Am Wiesengrunde 14, 99089 Erfurt. Die Wohnung befindet sich in der 3. Etage (4 Etagen), hat 46,95 qm sowie einen Energieausweis. Baujahr 1965.

Das Wohnobjekt verfügt über keine separate Beschreibung. Anhand des Außenbildes nebst Grundriss, hat die Wohnung zwei gleichgroße Zimmer, ein Diele, ein Wannenbad sowie in allen Räumen ein Fenster. Ein Balkon ist nicht vorhanden. Der Zustand der Wohnung wurde mit renoviert angegeben.

Die Wohnung ist nur wenige Gehminuten von der Tram-Station (1 Mainzer Straße) entfernt und nahe des Nordparks (Helios Klinikum). Ärztehaus, Bowlingbahn, Fitnessstudio und Vilniuspassage dienen der Gesundheit und Nahversorgung. Rieth liegt im Norden und ist einer von 17 Stadtteilen. Dieser hatte zuletzt 6.400 Einwohner (2019). Bekannt wurde Rieth als erste DDR-Wohnsiedlung mit einem Komplexzentrum, in den siebziger Jahren. Erwähnenswert sind Initiative Geraaue, FV Gemeinsam Zukunft erleben (Gegründet durch WBG Zukunft) sowie Straße der Völkerfreundschaft. Es gibt eine zunehmende Segregation im Stadtteil.

Kostenübersicht
Kaltmiete 319,26 Euro
Nebenkosten 61,04 Euro
Heizkosten 55,34 Euro
Gesamtmiete 436,64 Euro

Genossenschaftsanteile
750,00 Euro

Kaltmiete pro Quadratmeter
6,80 Euro (Stand 22.12.2020)

Abbildung 3: Wohnobjekt in Erfurt-Rieth

Bewertungspunkte = 14

11 Wohnen in Freiburg

Freiburg (im Breisgau) ist nicht nur die südlichste Großstadt, sondern auch einer der wärmsten Orte in Deutschland. Bis 1952 war Freiburg noch Landeshauptstadt von Baden. Die Ökostadt in Baden-Württemberg, liegt schön am Rande des Schwarzwaldes und hat ein gutes ÖPNV-Netz. Die Fahrradstadt ist zuletzt rasant gewachsen (Platz 4 von 81 Großstädten) und hat 231.195 Einwohner (2019). Sehenswert sind Gerberau mit Bächle, Münster, Platz der Alten Synagoge mit neuer Universitätsbibliothek, Stadttore, Tiergehege Mundenhof und Wiwili-Brücke. Der 1.284 Meter hohe Hausberg Schauinsland gehört ebenfalls zur Stadt. Die Stadtthemen in 2020: Das neue SC-Stadion bekommt seinen Rasen, 900 Jahre Freiburg, Zwei Millionen Euro für Krebsforscherin sowie Querdenker-Demos (Corona-Leugner).

Beim Bauverein Breisgau eG (BVB) wurden vom 10. Mai bis 16. Dezember 2020, genau 10 Wohnungen herausgesucht. Davon 3 kleine (1-Zi.-Whg.), 4 mittlere (2-Zi.-Whg.) und 3 große Wohnungen (3-Zi.-Whg.). Das Baujahr reichte von 1931 bis 1979. Die Wohnangebote kamen aus den sechs Stadtteilen Zähringen (3), Haslach (2), Stühlinger (2), Betzenhausen (1), Brühl (1) und St.-Georgen (1). Die kleinen Wohnungen hatten eine Kaltmiete von 10,50 bis 10,52 Euro sowie eine durchschnittliche Gesamtmiete von stolzen 12,76 Euro pro qm. Bei den vier mittleren Wohnungen variierte die Kaltmiete von 7,61 bis 8,70 Euro. Die durchschnittliche Gesamtmiete war hier 10,24 Euro pro qm. Eine Kaltmiete von 7,25 bis 8,42 Euro und eine durchschnittliche Gesamtmiete von 10,44 Euro pro qm, ergaben sich bei den großen Wohnungen.

Der Autor empfiehlt eine 2-Zimmer-Wohnung im Stadtteil Stühlinger, Hilde-Mangold-Straße 8, 79106 Freiburg. Die Wohnung befindet sich im Erdgeschoss (4 Etagen), hat 65,17 qm sowie Zentralheizung mit Energieausweis (Grün). Baujahr 1955.

Das Wohnobjekt verfügt über zwei Zimmer, Dusche mit WC, Flur, Wohnküche, Speicher, Keller und Balkon. Ein Stellplatz ist nicht vorhanden. Die Wohnung erfordert einen WBS. Der Zustand der Wohnung wurde leider nicht angegeben. Es muss aber nicht selbst renoviert werden.

Die Wohnung ist nur wenige Gehminuten von der Tram-Station (1 Rathaus im Stühlinger) entfernt. Der Hauptbahnhof ist in nur 12 Gehminuten zu erreichen. Kleinere Geschäfte, Gastronomie, Parkanlagen und gegebenenfalls Krankenhäuser sind in unmittelbarer Nähe. Der Stühlinger liegt westlich der Altstadt und ist einer von 28 Stadtteilen. 1875 wurde das Industriegebiet eingemeindet. Von 1947 bis 1949 verkehrt hier eine Trümmerbahn, Der Stühlinger hatte zuletzt 15.725 Einwohner (2017). Erwähnenswert sind Herz-Jesu-Kirche, Rathaus im Stühlinger sowie Wiwili-Brücke (Nach der Partnerstadt in Nicaragua).

Kostenübersicht
Kaltmiete 540,00 Euro
Nebenkosten 63,00 Euro
Heizkosten 46,00 Euro
Gesamtmiete 649,00 Euro

Genossenschaftsanteile und Kaution
930,00 Euro und 1.620,00 Euro

Kaltmiete pro Quadratmeter
8,29 Euro (Stand 12.09.2020)

Abbildung: Wohnobjekt in Freiburg-Stühlinger

Bewertungspunkte = 16

12 Wohnen in Halle (Saale)

Halle (Saale) ist die größte Stadt des Landes Sachsen-Anhalt und Teil der Metropolregion Mitteldeutschland. Auch gehört die Händel-Stadt zum Ballungsraum Leipzig-Halle, mit über 1,2 Millionen Einwohnern. Weiter ist die Stadt Verkehrsknotenpunkt (Flughafen) und Wirtschaftsstandort. Es gibt einige Gewässer, Naturschutzgebiete und Parks. Der ÖPNV ist sehr gut ausgebaut und an das Netz des Verkehrsverbundes MDV angeschlossen. Die im Weltkrieg nicht verstörte Kulturstadt, hat 238.762 Einwohner (2019). Leider ist Halle (Saale) ebenfalls eine Kriminalitätshochburg. Sehenswert sind Burg Giebichenstein, Händel-Haus (Komponist des Barocks), Halloren-Schokoladenfabrik, Marktkirche mit Roter Turm (Die Fünf Türme), Opernhaus und Zoo. Die Stadtthemen in 2020: Erfolgreiches Model startet neues Videoformat, Händel-Oper Teseo als Video-on-Demand, Handgeschnitzte Krippe sowie Kinderfänger von Halle.

Bei der kurz Frohe Zukunft oder genau Wohnbaugenossenschaft Frohe Zukunft eG wurden vom 22. Mai bis 27. Dezember 2020, abermals 10 Wohnungen herausgesucht.

Davon 3 kleine (1-Zi.-Whg.), 4 mittlere (2-Zi.-Whg.) und 3 große Wohnungen (3-Zi.-Whg.). Das Baujahr reichte von 1930 bis 2012. Die Wohnangebote kamen aus den sieben Stadtteilen Südstadt (3), Paulusviertel (2), Frohe Zukunft (1), Heide-Nord/Blumenau (1), Nördliche Innenstadt, Silberhöhe (1) und Trotha (1). Die kleinen Wohnungen hatten eine Kaltmiete von 6,33 bis 10,08 Euro sowie eine durchschnittliche Gesamtmiete von 11,59 Euro pro qm. Bei den mittleren Wohnungen variierte die Kaltmiete von 6,71 bis 8,02 Euro. Die durchschnittliche Gesamtmiete war hier 9,53 Euro pro qm. Eine Kaltmiete von nur 4,61 bis 6,20 Euro und eine durchschnittliche Gesamtmiete von 8,60 Euro pro qm, ergaben sich bei den großen Wohnungen. Teilweise wurden die Heizkosten geschätzt.

Der Autor empfiehlt eine 2-Zimmer-Wohnung im Stadtteil Trotha, Saturnstraße 28, 06118 Halle (Saale). Die Wohnung befindet sich in der 5. Etage (5 Etagen), hat ca. 48,00 qm sowie Fernwärme mit Energieausweis (Grün). Baujahr 1965.

Das Wohnobjekt verfügt über zwei Zimmer, Fensterbad mit Dusche, Flur, Einbauküche mit

Fenster und einen überdachten Balkon. Der Zustand der Wohnung wurde mit renoviert angegeben.

Die Wohnung ist nur wenige Gehminuten von der Tram-Station (3 Pfarrstraße) entfernt. Der Marktplatz ist in 22 Minuten, das Nordbad in 1 und der Zoo in 3 Minuten zu erreichen. Kleinere Geschäfte und Gastronomie sind in der Nähe. Trotha liegt beim Industriegebiet-Nord und ist einer von den 42 halleschen Stadtteilen. Trotha hatte zuletzt 6.908 Einwohner (2016). Das Viertel ist reich an Geschichte und wurde 1900 eingemeindet. Erwähnenswert sind Forstwerderbrücke, Kriegerdenkmal sowie St. Briccius.

Kostenübersicht
Kaltmiete 323,00 Euro
Nebenkosten 58,00 Euro
Heizkosten 63,00 Euro
Gesamtmiete 649,00 Euro

Genossenschaftsanteile
1.440,00 Euro

Kaltmiete pro Quadratmeter
6,73 Euro (Stand 27.12.2020)

Abbildung 5: Wohnobjekt in Halle-Trotha

Bewertungspunkte = 15

13 Wohnen in Hamburg

Hamburg ist nicht nur Hansestadt, sondern auch Teil der Metropolregion Hamburg. Neben dem Leben am Wasser (Stadtküste) gibt es viele Parks und Naturschutzgebiete, sowie ein sehr gutes U-Bahn-System. Die Weltstadt hat fast 1,9 Millionen Einwohner (2020). Leider ist Hamburg gleichfalls eine Kriminalitätshochburg. Sehenswert sind u. a. Binnenalster, Elbphilharmonie mit HafenCity, Fernsehturm, Speicherstadt, Sankt Michaelis (Michel) und St. Pauli mit Landungsbrüchen, Pegelturm sowie Reeperbahn. Stadtthemen in 2020: Erinnerungstafel für Jan Fedder, URW eröffnet Showroom für Überseequartier, Wahl Hamburger Bürgerschaft sowie Traditioneller Hafengeburtstag fällt aus (Corona-Pandemie).

Beim Bauverein Reiherstieg eG wurden vom 10. Mai bis 25. Oktober 2020, 10 Wohnungen herausgesucht. Davon 3 kleine (1-Zi.-Whg.), 6 mittlere (2-Zi.-Whg.) und 1 große Wohnung (3-Zi.-Whg.). Das Baujahr reichte von 1906 bis 2016. Die Angebote kamen aus den nur zwei Stadtteilen Wilhelmsburg (8) und Allermöhe (2). Die kleinen Wohnungen hatten eine Kaltmiete von 8,20 Euro einheitlich sowie eine durchschnittliche Gesamtmiete von 10,49 Euro pro qm. Bei den mittleren Wohnungen variierte die Kaltmiete von 5,31 bis 10,00 Euro. Die durchschnittliche Gesamtmiete war hier 10,18 Euro pro qm. Eine Kaltmiete von 8,50 Euro und eine Gesamtmiete von 10,91 Euro pro qm, ergaben sich bei der großen Wohnung. Das Wassergeld ist noch nicht enthalten.

Der Autor empfiehlt eine 2-Zimmer-Wohnung im Stadtteil Wilhelmsburg, Fährstraße 72, 21107 Hamburg. Die Wohnung befindet sich in der 2. Etage (5 Etagen), hat 43,95 qm sowie Zentralheizung mit Energieausweis (Grün). Baujahr 1906 (Altbau).

Das Wohnobjekt verfügt über zwei ähnlich große Zimmer, ein Duschbad mit Fenster, Einbauküche und Keller. Ein Balkon ist nicht vorhanden. Der Zustand der Wohnung wurde leider nicht angegeben. Gegebenenfalls muss noch selbst renoviert werden.

Die Wohnung ist nur wenige Gehminuten von der Bus-Station (13 Mannesallee oder Wilde 13) entfernt. Gegebenenfalls kann auch die S-Bahn-Station (3 Veddel) genutzt werden. In 8

Minuten erreichen Sie den Hauptbahnhof. Ärzte, Einkaufsmöglichkeiten, Gastrobetriebe und Krankenhaus befinden sich in der Nähe. Wilhelmsburg gehört zum Bezirk Hamburg-Mitte und ist, nach der Fläche, der größte Stadtteil von 104. Die Örtlichkeit liegt auf der größten Binneninsel Deutschlands. Bei der Sturmflutkatastrophe wurde Wilhelmburg sehr hart getroffen. Zuletzt hatte der Stadtteil 53.518 Einwohner (2019). Erwähnenswert sind Energiebunker (Früherer Flakbunker), Naturschutzgebiet Heuckenlock (Tideauen) sowie Pegelmarke Fährstraße. Leider muss auch die Kriminalität im Stadtteil erwähnt werden. Ferner gibt es ein interessantes Buch, namens Wilde 13.

<u>Kostenübersicht</u>
Kaltmiete 360,39 Euro
Nebenkosten 62,00 Euro
Heizkosten 38,00 Euro
Gesamtmiete 460,39 Euro

<u>Genossenschaftsanteile</u>
1.550,00 Euro

<u>Kaltmiete pro Quadratmeter</u>
8,20 Euro (Stand 11.09.2020)

Abbildung 6: Wohnobjekt in Hamburg-Wilhelmsburg

Bewertungspunkte = 15

14 Wohnen in Karlsruhe

Karlsruhe ist nicht nur Fächerstadt, sondern auch Stadt der Medienkunst (UNESCO). Auch ist die Stadt Oberzentrum für den Mittleren Oberrhein und Wirtschaftsstandort. Die heute drittgrößte Stadt von Baden-Württemberg, war bis 1918 noch Landeshauptstadt von Baden. Die Residenz des Rechts (BVG) und Technikstadt liegt schön am Fuße des Schwarzwaldes und hat ein gut ausgebautes ÖPNV-Netz. Hier hat die Stadt Pionierarbeit geleistet. Die Geburtsstadt des Autors, hat 312.060 Einwohner (2019). Sehenswert sind Erbgroßherzogliches Palaiis (Sitz des BVG), Kunsthalle, Pyramide, Schloss, Stadtgarten (Zoo) und Turmberg. Stadtthemen in 2020: Diesel-Klage, Lüperz präsentiert Genesis-Keramik, Mentrup bleibt Oberbürgermeister sowie Bewaffneter Mann verursacht Unfälle.

Bei der Gartenstadt Karlsruhe eG wurden vom 10. Mai bis 24. November 2020, wieder 10 Wohnungen herausgesucht. Davon 3 kleine (1-Zi.-Whg.), 4 mittlere (2-Zi.-Whg.) und 3 große Wohnungen (3-Zi.-Whg.). Das Baujahr reichte von 1933 bis 2012. Die Angebote kamen aus den drei Stadtteilen Rüppurr (8),

Bulach (1) und Grünwinkel (1). Die kleinen Wohnungen hatten eine Kaltmiete von 8,90 bis 9,31 Euro sowie eine durchschnittliche Gesamtmiete von 11,38 Euro pro qm. Bei den mittleren Wohnungen variierte die Kaltmiete von 8,70 bis 9,96 Euro. Die durchschnittliche Gesamtmiete war hier 11,83 Euro pro qm. Eine Kaltmiete von 7,71 bis 9,30 Euro und eine Gesamtmiete von 10,55 Euro pro qm, ergaben sich bei den großen Wohnungen.

Der Autor empfiehlt eine 2-Zimmer-Wohnung im Stadtteil Rüppurr, Krokusweg 13, 76199 Karlsruhe. Die Wohnung befindet sich in der 2. Obergeschoss (3 Etagen), hat ca. 72,00 qm sowie Zentralheizung mit Energieausweis (Keine Angaben). Baujahr 1963. Aufstockung 2011.

Das Wohnobjekt verfügt über zwei Zimmer, Dusche, Einbauküche und Flur mit Vorhang. Eine Dachterrasse ist vorhanden. Im Jahr 2011 wurde das Wohnhaus energetisch modernisiert und hat neuere isolierverglaste Fenster. Die mietereigenen Einrichtungen können übernommen werden. Der Zustand der Wohnung wurde leider nicht angegeben.

Gegebenenfalls muss noch selbst renoviert werden.

Die Wohnung ist 10 Gehminuten von der S-Bahn-Station (1 Schloss Rüppurr) entfernt. In 5 Minuten erreichen Sie den Hauptbahnhof und in nur 15 Minuten den Marktplatz. Ärzte, Bäder und Gastrobetriebe befinden sich in der Nähe. Rüppurr ist einer von 27 Stadtteilen und wurde 1907 eingemeindet. 1911 entstand dort die Gartenstadt. Der Name stammt von einem Adelsgeschlecht. Rüppurr hatte zuletzt 10.877 Einwohner (2020). Erwähnenswert sind Kirchen, Schloss sowie Volkssternwarte.

<u>Kostenübersicht</u>
Kaltmiete 709,00 Euro
Nebenkosten 63,50 Euro
Heizkosten 81,00 Euro
Gesamtmiete 853,50 Euro

<u>Genossenschaftsanteile</u>
2.340,00 Euro

<u>Kaltmiete pro Quadratmeter</u>
9,85 Euro (Stand 26.10.2020)

Abbildung 7: Wohnobjekt in Karlsruhe-Rüppurr

Bewertungspunkte = 14

15 Wohnen in Kiel

Kiel ist nicht nur die bevölkerungsreiste Stadt in Schleswig-Holstein, sondern auch deren Landeshauptstadt. Die nördlichste Großstadt Deutschlands bildet gleichzeitig das Zentrum der Kiel-Region. Wirtschaftliche Bedeutung haben Dienstleistungen, Logistik (Schifffahrt) und Werften. Kiel ist auch Marinestützpunkt und liegt direkt an der Ostsee (Kieler Förde). Im Stadtgebiet befinden sich gleich drei Naturschutzgebiete. Das ÖPNV-Netz ist sehr gut ausgebaut und dem Verkehrsverbund VRK angeschlossen. Kiel setzt hierbei auf Busse, Fähren und auch Fahrrad. Die Hafenstadt hat 246.794 Einwohner (2019). Sehenswert sind Flandernbunker, Hafen (Kiellinie), Marine-Ehrenmal, Nord-Ostsee-Kanal, Opernhaus und Rathausturm. Stadtthemen in 2020: Gerangel um Schulschiff Gorch Fock, THW Kiel gewinnt CL, Wunderino-Arena sowie Kieler Woche abgesagt (Corona).

Bei der abgekürzt WBG Kiel-Ost eG wurden vom 1. September bis 31. Dezember 2020, wiederum 10 Wohnungen herausgesucht. Davon 1 kleine (1-Zi.-Whg.), 6 mittlere (2-Zi.-Whg.) und 3 große Wohnungen (3-Zi.-Whg.).

Das Baujahr reichte von 1949 bis 1973. Die Angebote kamen aus den kamen aus den nur drei Stadtteilen Ellerbek (8), Neumühlen-Dietrichsdorf (1) und Gaarden-Süd (1). Die kleine Wohnung hatte eine Kaltmiete von doch 7,03 Euro sowie eine durchschnittliche Gesamtmiete von 10,12 Euro pro qm. Bei den mittleren Wohnungen variierte die Kaltmiete von 6,39 bis 7,79 Euro. Die durchschnittliche Gesamtmiete war hier 10,40 Euro pro qm. Eine Kaltmiete von 6,41 bis 7,56 Euro und eine Gesamtmiete von 9,68 Euro pro qm, ergaben sich bei den großen Wohnungen.

Der Autor empfiehlt eine 2-Zimmer-Wohnung im Stadtteil Ellerbek, Schwanenseeplatz 7, 24148 Kiel. Die Wohnung befindet sich in der 1. oder 2. Etage (2 Etagen), hat ca. 32,11 qm sowie Fernwärme mit Energieausweis (Gelb). Baujahr 1953.

Das Wohnobjekt verfügt über zwei Zimmer, Diele, Duschbad (Fenster), Küchenzeile und Keller. In der Miete ist Kabel-TV enthalten. Der Zustand der Wohnung wurde leider nicht angegeben. Gegebenenfalls muss noch selbst renoviert werden.

Die Wohnung ist wenige Gehminuten von der Bus-Station (71 Schwanenseeplatz) entfernt. In 28 Minuten erreichen Sie die Innenstadt, mit der Bundesbahn in nur 8 Minuten. Die Nahversorgung befindet sich in der Nähe. Ellerbek ist einer von 30 Stadtteilen und gehört zum Ostufer. Im Jahr 1910 wurde das ehemalige Fischerdorf eingemeindet. Ellerbek hatte zuletzt 6.322 Einwohner (2019). Die Abwanderung betrug damit 21,6 Prozent gegenüber 1975. Die Altstadt konnte dagegen 36,6 Prozent dazugewinnen. Leider gibt es keinen freien Wasserzugang. Erwähnenswert sind Fischräucherei, Schwanenseepark sowie Olympiasiegerin Heike Henkel, welche im Stadtteil aufwuchs.

Kostenübersicht
Kaltmiete 250,00 Euro
Nebenkosten 70,00 Euro
Heizkosten 80,00 Euro
Gesamtmiete 400,00 Euro

Genossenschaftsanteile
480,00 Euro

Kaltmiete pro Quadratmeter
7,79 Euro (Stand 02.10.2020)

Abbildung 8: Wohnobjekt in Kiel-Ellerbek

Bewertungspunkte = 17

16 Wohnen in Leipzig

Leipzig ist die größte Stadt des Land Sachsen und Teil der so genannten Metropolregion Mitteldeutschland. Auch gehört die Messe-Stadt zum Ballungsraum Leipzig-Halle, mit über 1,2 Millionen Einwohnern. Weiter ist die Stadt Verkehrsknotenpunkt (Flughafen) und Wirtschaftsstandort. Es gibt viele Gewässer, Naturschutzgebiete und Parks. Der ÖPNV ist sehr gut ausgebaut und an das Netz des Verkehrsverbundes MDV angeschlossen. Die Heldenstadt (Montagsdemonstrationen) hat 593.145 Einwohner (2019). Leider ist Leipzig auch eine Kriminalitätshochburg. Sehenswert sind u. a. Deutsche Nationalbibliothek, Neues Rathaus mit City-Hochhaus, Gewandhaus, Panometer (Museum), Schiller-Haus und Zoo. Stadtthemen in 2020: Doppelfolge In aller Freundschaft zum Jahresauftakt, Lichtfest, RB Leipzig sucht Spieler des Jahres sowie Hotspot Connewitzer Kreuz.

Bei der kurz VLW oder Vereinigte Leipziger Wohnungsgenossenschaft eG wurden vom 17. Mai bis 31. Dezember 2020, genau 10 Wohnungen herausgesucht. Davon 3 kleine (1-Zi.-Whg.), 4 mittlere (2-Zi.-Whg.) und 3 große Wohnungen (3-Zi.-Whg.). Das Baujahr reichte von 1914 bis 1981. Die Angebote kamen aus den kamen aus den neun Stadtteilen Gohlis (2), Eutritzsch (1), Grünau (1), Mockau (1), Möckern (1), Schönau (1), Schönefeld (1), Sellerhausen (1) und Wahren (1). Die kleinen Wohnungen hatten eine Kaltmiete von 6,93 bis 9,98 Euro sowie eine durchschnittliche Gesamtmiete von 10,33 Euro pro qm. Bei den mittleren Wohnungen variierte die Kaltmiete von 6,12 bis 6,41 Euro. Die durchschnittliche Gesamtmiete war hier 8,67 Euro pro qm. Eine Kaltmiete von 4,72 bis 6,50 Euro und eine Gesamtmiete von 8,23 Euro pro qm, ergaben sich bei den großen Wohnungen.

Der Autor empfiehlt eine 2-Zimmer-Wohnung im Stadtteil Eutritzsch, Theresienstraße 54, 04129 Leipzig. Die Wohnung befindet sich in der 2. Etage (5 Etagen), hat 63,50 qm sowie Fernwärme mit Energieausweis (Gelb). Baujahr 1914 (Altbau).

Das Wohnobjekt verfügt über zwei Zimmer, Bad (Fenster), Küche mit Zugang zum Balkon und Keller. Der Bodenbelag wurde neu verlegt. Ferner sind Haustiere möglich. Der

Zustand der Wohnung wurde leider nicht angegeben. Gegebenenfalls muss noch selbst renoviert werden.

Die Wohnung ist nur wenige Gehminuten von der S-Bahn-Station (4 Leipzig Nord) entfernt und nahe des großen Arthur-Bretschneider-Parks. Ärzte, Gastronomie und Geschäfte sind in unmittelbarer Nähe. Eutritzsch ist einer der vielen 82 Stadtteile und wurde bereits 1890 eingemeindet. Die Einwohnerzahl stieg von damals 7.612 auf zuletzt 14.723 Einwohner (2018). Erwähnenswert sind Christuskirche, Rathaus sowie Rohbau Wohnungsbaukomplex Magnolia.

Kostenübersicht
Kaltmiete 400,00 Euro
Nebenkosten 74,00 Euro
Heizkosten 74,00 Euro
Gesamtmiete 548,00 Euro

Genossenschaftsanteile
1.395,00 Euro

Kaltmiete pro Quadratmeter
6,30 Euro (Stand 21.07.2020)

Abbildung 9: Wohnobjekt in Leipzig-Eutritzsch

© 2020 VLW, Leipzig

Bewertungspunkte = 16

17 Wohnen in Wuppertal

Wuppertal ist nicht nur die größte Statt im Bergischen Land von Nordrhein-Westfalen, sondern auch Teil der Metropolregion Rhein-Ruhr. Ferner ist die Großstadt im Grünen ein Bildungs-, Kultur- und Wirtschaftszentrum. Es gibt viele Gewässer, Naturschutzgebiete und Parks. Der ÖPNV-ist sehr gut ausgebaut und verfügt über eine Schwebebahn. Ferner ist die Wuppertal dem Verkehrsverbund Rhein-Ruhr angeschlossen. Die Stadt an der Wupper hat 355.100 Einwohner (2019). Sehenswert sind Engels-Haus, Schauspielhaus, Schwimm-Oper, Skulpturenpark Waldfrieden, Stadthalle sowie Zoo. Stadtthemen in 2020: CNN empfiehlt Wuppertal als Top-Reiseziel, Bayer verkauft Anlage, Schwebebahn bei NRW-Pressefotos sowie Corona-Virus und die BUW (Bergische Universität).

Bei der ABG Wuppertal eG oder kurz ABG wurden vom 9. Mai bis 31. Dezember 2020, abermals 10 Wohnungen herausgesucht. Davon 3 kleine (1-Zi.-Whg.), 4 mittlere (2-Zi.-Whg.) und 3 große Wohnungen (3-Zi.-Whg.). Das Baujahr reichte von 1910 bis 1997. Die Angebote kamen aus den kamen aus den drei großen Stadtteilen Barmen (8), Elberfeld (1), und Ronsdorf (1). Die kleinen Wohnungen hatten eine Kaltmiete von 5,50 bis 5,90 Euro sowie eine durchschnittliche Gesamtmiete von 9,64 Euro pro qm. Bei den mittleren Wohnungen variierte die Kaltmiete von nur 5,90 bis 6,10 Euro. Die durchschnittliche Gesamtmiete war hier 9,31 Euro pro qm. Eine Kaltmiete von 5,53 bis 6,40 Euro und eine Gesamtmiete von 9,03 Euro pro qm, ergaben sich bei den großen Wohnungen. Teilweise wurden die Heizkosten geschätzt.

Der Autor empfiehlt eine 2-Zimmer-Wohnung im Stadtteil Barmen, Fischertalstraße 39, 42287 Wuppertal. Die Wohnung befindet sich im Erdgeschoss (3 Etagen), hat 62,09 qm sowie Zentralheizung mit Energieausweis (Gelb). Baujahr 1952.

Das Wohnobjekt verfügt über zwei Zimmer, Bad (Fenster), großen Flur mit Abstellraum und Küche (Fenster). Der Zustand der Wohnung wurde leider nicht angegeben. Gegebenenfalls muss noch selbst renoviert werden. Als Extra wurde der Winterdienst angeführt.

Die Wohnung ist wenige Gehminuten vom Barmer Bahnhof oder S-Bahn-Station (7-9 Wuppertal-Barmen) entfernt. In nur wenigen Minuten erreichen Sie die Innenstadt. Mit der Deutschen Bahn erreichen Sie zudem bequem, die Ruhrstadt Bochum, Essen, Dortmund oder Duisburg. Die Nahversorgung befindet sich in unmittelbarer Nähe. Barmen ist einer der 6 Stadtteile und wurde 1929, als eigene Stadt, eingemeindet. Der Stadtteil oder eigentlich Stadtbezirk hatte zuletzt 58.919 Einwohner (2013). Erwähnenswert sind Fischertaler Bach, Opernhaus sowie Schwebebahn.

Kostenübersicht
Kaltmiete 366,63 Euro
Nebenkosten 110,00 Euro
Heizkosten 90,00 Euro (Geschätzt)
Gesamtmiete 566,63 Euro

Genossenschaftsanteile
500,00 Euro

Kaltmiete pro Quadratmeter
5,91 Euro (Stand 2.11.2020)

Abbildung 10: Wohnobjekt in Wuppertal-Barmen

Bewertungspunkte = 20

18 Fazit

Das Buch hat aufgezeigt, das Wohnen Lifestyle ist und die Wohnbaugenossenschaften immer eine gute Wahl sind. Hier können Sie günstig und mit Sicherheit wohnen. Probleme schon bei der Wohnungsbewerbung oder später, bleiben Ihnen erspart.

Die attraktivsten 2-Zimmer-Wohnungen sind derzeit in Wuppertal, Düsseldorf, Berlin, Kiel und Freiburg. Neben dem Wohnumfeld wurden natürlich auch subjektive Aspekte, wie Atmosphäre, Mentalität und Schönheit, bewertet. Letzlich haben Gesamtmiete, Lage und Wohnqualität, das Ranking entschieden.

Alle genannten Großstädte eignen sich auch als Altersruhesitz.

Ferner haben Sie zahlreiche Informationen zu Wohnthemen erhalten, die Sie anhand der Quellen vertiefen können. Das Register hilft beim Auffinden.

Wo werden Sie wohnen?

19 Quellen

Broschüren
GäWoRing e.V. (2019), Urlaub in Gästewohnungen der Genossenschaften 2020, Hegau

Hauptstadt Berlin (2019), Berliner Mietspiegel 2019, Berlin

Landeshauptstadt Kiel (2019), Die Kieler Stadtteile 2019, Kiel

Bücher
Armin Hentschel et. al. (2019), Wohnungsmärkte und Wohnungspolitik, Beiträge zur Kritik des Immobiliensektors, Weimar (Lahn)

Bernd Flessner (2016), Was ist Was, Zukunft, Alles im Wandel, Band 140, Nürnberg

Britta Mentzel et al. (2019), Das Reisebuch Deutschland, Die schönsten Ziele entdecken, Highlights, Nationalparks und Traumstraßen, München

Fritz Dressler et al. (2006), Die schönsten Städte in Deutschlands Osten, Von Stralsund bis Weimar, München

Jürgen Lang (2015), Börsengewinne durch richtige Branchenzuordnung, Branchen Börsenwerte, Business, Norderstedt

Julia Sahm (2017), Lifestyle schlank!, Selbstcoaching statt Diät, Grünwald

Kerstin Schaefer (2013), Die wilde 13, Durch Raum und Zeit durch Hamburg-Wilhelmsburg, Hamburg

Lina Jachmann (2017), Einfach Leben, Der Guide für einen minimalistischen Lebensstil, München

Peter Kos (2020), The Elements Of Lifestyle, Find Your Enough, Independently Published, Luxembourg

Rolf Keim (1999), Wohnungsmarkt und soziale Ungleichheit, Über die Entwicklung städtischer Polarisierungsprozesse, Opladen

Ulrich Ropertz et al. (2020), Das Mieterhandbuch, Berlin

Wolf-Dietrich Bukow et al (2001), Auf dem Weg zur Stadtgesellschaft, Die multikulturelle Stadt zwischen globaler Neuorientierung und Restauration, Opladen

Musik

Batschkapp (1997), Moi Stadt, Benjamin, Mainz, CD

Hans Albers (1999), Auf der Reeperbahn nachts um halb eins, EastWest Records, Hamburg, CD

Höhner (2004), Viva Colonia,, Rhingtön, Köln, CD

Udo Lindenberg & Das Panikorchester (2003), Sonderzug nach Pankow, Hansa (SonyBMG), München, CD

Webseiten

www.abg-wuppertal.de (WBG)
www.aphorismen.de
www.allianzdirect.de
www.baugenossenschaft.info
www.bauverein-breisgau.de (WBG)
www.bertelsmann-stiftung.de
www.bmgev.de

www.bvi-verwalter.de
www.destatis.de
www.de.statista.com
www.deutschland.de
www.dpfonline.de (WBG)
www.duebs.de (WBG)
www.finanzen.net
www.frohe-zukunft.de (WBG)
www.gaeworing.de
www.gartenstadt-karlsruhe.de (WBG)
www.gdw.de
www.gutezitate.com
www.gutzitiert.de
www.immofred.com
www.immowelt.de
www.mercer.de
www.mieterbund.de
www.mietrecht.de
www.mietrechtslexikon.de
www.reiherstieg.de (WBG)
www.spruechetante.de
www.tagesgeldvergleich.net
www.test.de
www.umzugsauktion.de
www.vdwsuedwest.de
www.verbraucherzentrale.de
www.vlw-eg.de (WBG)
www.wbg-kiel-ost.de (WBG)

www.wbg-zukunft.de (WBG)
www.wbs-rechner.de
www.wikipedia.de
www.wohnberechtigungsschein.net
www.wohnungsbaugenossenschaften.de
www.wohnungsboerse.net

Wikipedia
Altbau, 2. November 2019
Baby-Boomer, 13. November 2020
Barmen (Stadtbezirk), 5. Oktober 2020
Berlin, 19. Dezember 2020
Betongold, 12. November 2019
Bestandsmieten, 7. April 2020
Bevölkerungsentwicklung, 12. Juli 2020
Bezirk Pankow, 24. November 2020
Deutscher Mieterbund, 27. Juni 2020
Düsseldorf, 18. Dezember 2020
Energieausweis, 25. Dezember 2020
Erfurt, 20. Dezember 2020
Eutritzsch, 8. November 2020
Fernwärme, 20. Dezember 2020
Freiburg im Breisgau, 24. Dezember 2020
Garath, 20. September 2020
Gebäudeheizung, 19. Dezember 2020
Generation Y, 25. Oktober 2020
Geno Wohnbaugenossenschaft, 28. Mai 2019
Gentrifizierung, 12. September 2020

Großstadt, 8. November 2020
Großwohnsiedlung, 20. November 2020
Halle (Saale), 18. Dezember 2020
Hamburg, 25. Dezember 2020
Hamburg-Wilhelmsburg, 15. Oktober 2020
Haushaltseinkommen, 14. November 2019
Immobilienmarkt, 14. Oktober 2020
Immobilienwirtschaft, 17. Juli 2020
Karlsruhe, 26. Dezember 2020
Kiel, 30. Dezember 2020
Kiel-Ellerbek, 19. August 2020
Lebensstil, 27. Oktober 2020
Leipzig, 25. Dezember 2020
Metropolregion (Deutschl.), 2. Februar 2019
Mietendeckel, 12. November 2020
Mieterverein, 11. März 2019
Mietnomade, 14. Mai 2020
Mietshäuser Syndikat, 21. Februar 2020
Mietspiegel, 25. Juli 2020
Plattenbau, 27. November 2020
Protest, 23.Juli 2020
Recht auf Stadt, 12. August 2019
Regionalhymne, 24. Oktober 2020
Reiherstieg, 6. Dezember 2019
Remise, 12. Oktober 2020
Rieth, 25. November 2020
Rüppurr, 13. Oktober 2020
Ruhrstadt, 2. Oktober 2020

Segregation (Soziologie), 29. Juni 2020
Stühlinger, 11. September 2020
Trotha (Halle (Saale)), 10. Dezember 2020
Vergleichsmiete, 18. Juli 2020
Weltstadt, 16. Dezember 2020
Wohnberechtigungsschein, 21. Oktober 2020
Wohneigentumsquote, 5. September 2020
Wohnen ist Menschenrecht, 6. Mai 2020
Wohnraummangel, 18. September 2020
Wohnung, 1. Dezember 2020
Wohnungsbaugenossenschaft, 29. Juli 2020
Wohnungsmarkt, 1. April 2020
Wuppertal, 7. Dezember 2020
Ziele für nachh. Entw., 21. Dezember 2020

Wohnbaugenossenschaften
ABG Wuppertal eG, Schwerinstraße 12, 42281 Wuppertal, 0202-2508610

Bauverein Breisgau eG (BVB), Zähringer Straße 46, 79108 Freiburg, 0761-510440

Bauverein Reiherstieg eG, Georg-Wilhelm-Straße 127 a, 21107 Hamburg, 040-7524890

Düsseldorfer Bau- und Spargenossenschaft eG (DÜBS), Am Turnisch 11, 40231 Düsseldorf, 0211-903160

Frohe Zukunft Wohnungsgenossenschaft eG (Frohe Zukunft), Leibnizstraße 1a, 06118 Halle (Saale), 0345-5300181

Gartenstadt Karlsruhe eG, Ostendorfplatz 2, 76199 Karlsruhe, 0721-988210

Vereinigte Leipziger Wohnungsgenossenschaft eG (VLW), Hartzstraße 2, 04129 Leipzig, 0341-9184299

Wohnungsbaugenossenschaft Kiel-Ost eG (WBG Kiel-Ost), Poppenrade 5, 24148 Kiel, 0431- 72400

WBG Zukunft eG, Futterstraße 20, 99084 Erfurt, 0361-7892900

Wohnungsbaugenossenschaft DPF eG (DPF), Gundelfinger Straße 8 A, 10318 Berlin, 030-515550

Zeitschriften

APuZ (Online), Die Etablierung großer Wohnungskonzerne und deren Folgen für die Stadtentwicklung, 9. Juli 2018, Bonn

Cash (Online), Mieten und Immobilienpreise trotz Krise weiter gestiegen, 12. September 2020, Hamburg

Cash (Online), Speckgürtelgemeinden hängen die Metropolen beim Mietpreiswachstum ab, 27. August 2020, Hamburg

Chili (Online), Ein knallhartes Geschäft, Der Bauverein Breisgau und die Wohnungsnot, 31. Juli 2019, Freiburg

Cicero (Online), Berliner Mietendeckel, Notwendige Regulierung oder sozialistische Zwangswirtschaft?, 23. November 2020, Berlin

Der Spiegel (Online), Mehr Wohnungsbau in Deutschland – aber noch immer nicht genug, 4. Juni 2020, Hamburg

Der Spiegel (Online), Mieten in Deutschland, Not im Wohlstand, 30. Oktober 1972, Hamburg

Der Spiegel (Online), Mietspiegel-Auswertung, So teuer ist wohnen in Deutschland, 20. Februar 2019, Hamburg

Euro am Sonntag, Immobilienaktien, Sturmfeste Fundamente, Ausgabe März 2020, München

Focus (Online), Aufnahme-Stopp – außer für Verwandte, Genossenschaften platzen aus allen Nähten, 14. Februar 2020, Berlin

Focus (Online), Dreiste Tricks, Mit diesen Tricks jagen Vermieter ihre Mieter aus der Wohnung, 28. Februar 2018, Berlin

Manager Magazin (Online), Mietpreisstudie, Deutsche können sich mehr Quadratmeter leisten, 15. August 2016, Hamburg

Tilman Wörtz (2020), Die vereinte Kraft der Städte, in: Mut - Magazin für Lösungen, Offenburg

WirtschaftsWoche (Online), Die Methodik hinter dem Städteranking 21. November 2019, Düsseldorf

WirtschaftsWoche (Online), Die zehn besten Städte Deutschlands, 21. November 2019, Düsseldorf

W&V (Online), Hamburg wirbt mit Stadtküste um Touristen, 31. Juli 2018, München

ZEIT Campus (Online), Warum Sie niemals eine Wohnung finden werden, 17. Juli 2017, Hamburg

Zeitungen
Augsburger Allgemeine, Freiburg streitet, Wo liegt die Grenze des Stadt-Wachstums?, 22. Februar 2019, Augsburg

Badische Zeitung (Online), Die Geschichte der toten Frau aus dem Stadtgarten ist verworren, 24. November 2020, Freiburg

Badische Zeitung (Online), Laut der Stadt Lahr hat die Hälfte der Lahrer Anspruch auf Sozialmietwohnungen, 28. August 2020, Freiburg

Badische Zeitung (Online), Unerfreulicher Spitzenplatz, 14. August 2020, Freiburg

Berliner Morgenpost (Online), Berliner gehen für Frank Zander auf die Straße, 28. Oktober 2020, Berlin

Berliner Zeitung (Online), Corona-Krise, Wird der Mieterschutz über den September hinaus verlängert?, 24. September 2020, Berlin

Bild (Online), Zwei Zimmer, Küche, sexuelle Belästigung, 24. November 2020, Hamburg

Der Standard (Online), Die zehn coolsten Stadtviertel der Welt, 3. Oktober 2020, Wien

Der Tagesspiegel (Online), Berlins Schattenmieten kosten fast das Doppelte der Deckelmieten, 10. August 2020, Berlin

Der Tagesspiegel (Online), BVG lehnt Eilantrag gegen Berliner Mietendeckel ab, 29. Oktober 2020, Berlin

Die Welt (Online), Die Deutschen erliegen dem Lockruf der Magnet-Metropolen, 18. Oktober 2018, Berlin

Die Welt (Online), Diese deutschen Großstädte stecken in der Armutsfalle, 2. April 2019, Berlin

Die Welt (Online), Miethaie zu Fischbrötchen, Tausende bei MietenMove, 4. Mai 2019, Berlin

Die Zeit (Online), Protest von Obdachlosen, Polizei räumt besetzte Wohnungen, 29. Oktober 2020, Hamburg

Frankfurter Allgemeine (Online), Der neue Mieterschreck, 9. November 2020, Frankfurt am Main

Frankfurter Allgemeine (Online), Eine Wohnung von den Genossen, 15. März 2019, Frankfurt am Main

Frankfurter Allgemeine (Online), Warum die Deutschen eher zur Miete wohnen, 24. Januar 2017, Frankfurt am Main

Hamburger Abendblatt (Online), Genossenschaften werden in Hamburg immer beliebter, 6. August 2013, Hamburg

Hamburger Abendblatt (Online), Was bedeutet das Wort „Lifestyle"?, 19. August 2008, Hamburg

Handelsblatt (Online), Deutsche Städte und ihre Songs, 10.000 Plätze um Bier zu konsumieren, 9. April 2015, Düsseldorf

Handelsblatt (Online), Wohnraum statt Scheinlösung, Was wirklich gegen die Wohnungsnot hilft, 28. März 2020, Düsseldorf

Handelsblatt (Online), Verhaftung im Skandal um die Insolvenz der Geno Wohnbau, 12. Dezember 2019, Düsseldorf

Kölnische Rundschau (Online), SPD fordert Mietenmoratorium, bis zum Ende der Corona-Krise, 7. Dezember 2020, Köln

Main Post (Online), Mietnomaden, So geht man mit Problemmietern um, 21. April 2020, Würzburg

MieterZeitung, Deutsche Wohnen nun im DAX, Ausgabe Juni 2020, Berlin

MieterZeitung, Mehr Geld für Sozial-wohnungen gefordert, Ausgabe August 2020, Berlin

MOPO (Online), Sraftaten-Atlas, Das sind die zehn gefährlichsten Stadtteile Hamburgs, 12. März 2019, Hamburg

Neues Deutschland (Online), Zahl der Sozialwohnungen sinkt weiter, 1. September 2020, Berlin

Neue Zürcher Zeitung (Online), Und der Miethai, der hat Zähne, 12. Dezember 2019, Zürich

Ostsee-Zeitung (Online), Segregation, Geringverdiener leben in MV zunehmend in der Platte, 29. Januar 2020, Rostock

Stuttgarter Zeitung (Online), Mietpreisbremse zukünftig in 89 Städten und Gemeinden, 26. Mai 2020, Stuttgart

Stuttgarter Zeitung (Online), Zahl der wohnungslosen Familien in Stuttgart steigt rapide, 19. Januar 2020, Stuttgart

Süddeutsche Zeitung (Online), Die Gentrifizierung findet immer einen Weg, 17. Januar 2019, München

Süddeutsche Zeitung (Online), Zu beliebt, Die Wogeno nimmt keine neuen Mitglieder mehr auf, 7. Februar 2019, München taz (Online), Das Mietshäuser-Syndikat, 25. Mai 2013, Berlin

taz (Online), Housing Action Day, Der Wahnsinn geht weiter, 17. Juni 2020, Berlin

taz (Online), Protest gegen die Deutsche Wohnen, 23 Häuser sind eine Wand, 19. Juni 2020, Berlin

Thüringer Allgemeine (Online), Erfurt, Rieth und Berliner Platz werden zunehmend abgehängt, 21. August 2020, Erfurt

tz (Online), München und die Miete. Es geht auch bezahlbar, 7. Februar 2020, München

20 Register

ABG, Seite 30, 32, 69-72
Abwanderung, Seite 63
Aktienmarkt, Seite 11
Altbau, Seite 54, 66
Altersruhesitz, Seite 28, 73
Armutsbekämpfung, Seite 15
Armutsgefährdungsquote, Seite 15
Armutsrisiko, Seite 15
Aufnahmegebühr, Seite 26
Aufnahmestopp, Seite 26-27
Ausleihe, Seite 26
Auswahlkriterien Städte, Seite 14, 28-29
Auswahlkriterien WBG, Seite 29
Autobahnanbindung, Seite 29
Autor, Seite 4
Baden-Württemberg, Seite 21, 45, 57
Bauverein Reiherstieg, Seite 30, 32, 53-56
Berlin, Seite 14-16, 19-20, 28-30, 33, 46, 73
Berlin-Pankow, Seite 33-36
Berlin-Wedding, Seite 10
Berliner Mietendeckel, Seite 18
Bestandsmiete, Seite 18
Betongold, Seite 13
Betreutes Wohnen, Seite 26
Bevölkerungswachstum, Seite 13-14
Bewertung, Seite 7, 73

Bewertungspunkte, Seite 73
Börsenempfehlungen, Seite 11-12
Bremerhaven, Seite 19
Broschüren, Seite 75
Buchcover, Seite 7
Buchidee, Seite 7
Buchtitel, Seite 1, 3, 7
Bücher, Seite 75-77
Bundesverfassungsgericht, Seite 18, 57
BVB, Seite 30, 32, 45-48
Checklisten, Seite 32
Chemnitz, Seite 26
Corona-Jahr, Seite 7, 16
Corona-Krise, Seite 20
Corona-Pandemie, Seite 20
Darmstadt, Seite 28-29
Dauernutzungsgebühr, Seite 24
Dauernutzungsvertrag, Seite 25, 31
Deutscher Mieterbund, Seite 32
Dividenden, Seite 25
Dortmund, Seite 12, 27
DPF, Seite 30, 32-36
Dresden, Seite 27
DÜBS, Seite 30, 32, 37-40
Düsseldorf, Seite 10, 19, 28, 30, 37, 73
Düsseldorf-Garath, Seite 37-40
Duisburg, Seite 15
Durchschnittsmiete, Seite 19

Eintrittsgeld, Seite 32
Entmietung, Seite 15
Erfurt, Seite 28, 30, 41
Erfurt-Rieth, Seite 41-44
Erlangen, Seite 14
Eventstadt, Seite 33
Fächerstadt, Seite 57
Fahrradstadt, Seite 45
Favoriten, Seite 29
Fazit, Seite 73
Fluktuation, Seite 30
Forschungsunternehmen *F+B*, Seite 19
Frankfurt am Main, Seite 14, 19, 28
Freiburg, Seite 14, 19, 28-29, 45, 73
Freiburg-Dietenbach, Seite 21
Freiburg-Gartenstadt, Seite 7
Freiburg-Stühlinger, Seite 45-48
Frohe Zukunft, Seite 30, 32, 49-52
Gästewohnungen, Seite 24, 26, 30
Gästewohnungsring, Seite 7, 30
Gästewohnungsservice, Seite 30
Gartenstadt Karlsruhe, Seite 30, 32, 57-60
GdW, Seite 27
Geburtsstadt, Seite 14, 57
Geldanlagen, Seite 25
Gelsenkirchen, Seite 14
Gemeineigentum, Seite 24
Generation Baby-Boomer, Seite 9

Generation X, Seite 9
Generation Y, Seite 9, 11
Gentrifizierung, Seite 16
Geringverdiener-Haushalt, Seite 19
Gesamtmiete, Seite 18, 73
Geschäftsanteile, Seite 25-26, 31-32
Geschäftsmodell, Seite 11
Geschäftspolitik, Seite 26
Geschosswohnungsbau, Seite 23
Großinvestoren, Seite 16
Großstädte, Seite 7, 17, 28, 73
Gutverdiener-Haushalt, Seite 19
Händel-Stadt, Seite 49
Hafenstadt, Seite 61
Halle (Saale), Seite 10, 28, 30, 49
Halle-Trotha, 50-52
Hamburg, Seite 10, 15-16, 19, 26-28, 30, 53
Hamburg-Wilhelmsburg, Seite 53-56
Hansestadt, Seite 53
Hausbesetzungen, Seite 16
Hauptstadt, Seite 33
Haushalte, Seite 19
Haushaltsnettoeinkommen, Seite 19
Heidelberg, Seite 19
Heldenstadt, Seite 65
Henri Lefebvre, Seite 16
Immobilien-Aktien, Seite 11
Immobilienmarkt, Seite 13

Immobilienwirtschaft, Seite 13
Impressum, Seite 4
Indexmiete, Seite 18
Ingolstadt, Seite 14
Inhalt, Seite 5
Institut der deutschen Wirtschaft, Seite 19
Kaltmiete, Seite 18
Karlsfeld, Seite 20
Karlsruhe, Seite 14, 28-29, 57
Karlsruhe-Rüppurr, Seite 57-60
Karnevalshochburg, Seite 37
Kassel, Seite 29
Kiel, Seite 28-29, 61, 73
Kiel-Ellerbek, Seite 62-64
Köln, Seite 10, 15, 19, 28
Konkurs, Seite 26
Kontext Wohnen, Seite 9
Kriminalität, Seite 29, 55
Kriminalitätshochburg, Seite 33, 41, 49, 53, 65
Kündigungsfristen, Seite 26
Kulturstadt, Seite 41, 49
Lage, Seite 73
Lahr, Seite 31
Landeshauptstadt, Seite 37, 41, 45, 57, 61, 65
Lebenserwartung, Seite 29
Lebensqualität, Seite 29
Lebensrealität, Seite 9
Leipzig, Seite 10, 28, 30, 49, 65

Leipzig-Eutritzsch, Seite 66-68
Lifestyle, Seite 14
Lifestyle-Aktien, Seite 11-12
Lübeck, Seite 27
Luxus-Aktien, Seite 11
Magnet-Metropolen, Seite 15
Mainz, Seite 10, 28
Maklerservice, Seite 26
Mannheim, Seite 28-29
Marinestützpunkt, Seite 61
Marke, Seite 24
Marketinginitiative, Seite 24
Marktmiete, Seite 18
Medianwert, Seite 20
Mercer-Ranking 2019, Seite 29
Messe-Stadt, Seite 65
Metropolregion Berlin/Brandenburg, Seite 33
Metropolregion Hamburg, Seite 53
Metropolregion Mitteldeutschland, Seite 45, 65
Metropolregion Rhein-Ruhr, Seite 37, 69
Mietbedingungen, Seite 25
Mietbelastungsquote, Seite 19
Mieterhöhungen, Seite 17
Mietkaution, Seite 31-32
Mietnomaden, Seite 15
Mietpreisbremse, Seite 21
Mietpreissteigerungen, Seite 20
Mietrecht, Seite 31

Mietspiegel, Seite 18, 25
Mietspiegelindex, Seite 19
Mietspiegelmiete 2019, Seite 18, 20
Mietwohnungsmarkt, Seite 15, 23
Mieten, Seite 17-21
Mietenmoratorium, Seite 20
Mietenwahnsinn, Seite 15
Mietertreffs, Seite 26
Mieterverein, Seite 32
Mietshäuser Syndikat, Seite 21
Millionenstädte, Seite 15
Mitbestimmungsrecht, Seite 26
Mitglieder, Seite 24-25
Mitgliederreisen, Seite 26
Mitgliederservice, Seite 26
Mitgliederversammlung, Seite 26
Mitgliederzeitung, Seite 26
Mitgliedschaft, Seite 30
Mittagstisch, Seite 26
Möbliertes Wohnen, Seite 30
München, Seite 10, 14, 19-21, 28-29
Münster, Seite 10
Musik, Seite 77
Nachschusspflicht, Seite 26
Naturnahe Fläche, Seite 29
Neue Lübecker, Seite 27
Neugründungen, Seite 27
Neuvertragsmiete, Seite 21

Niedrigzinsen, Seite 14
Nordrhein-Westfalen, Seite 37, 69
Normalverdiener-Haushalt, Seite 19
Nutzungsgebühr, Seite 24
Nutzungsvertrag, Seite 31
Objektive Aspekte, Seite 14
Obdachlose, Seite 16
Oberzentrum, Seite 41, 57
Ökostadt, Seite 45
ÖPNV-Tickets, Seite 26
Paul Krugman, Seite 15
Plattenbau, Seite 16, 42
Portal Immowelt, Seite 19, 20
Portal Umzugsauktion.de, Seite 27
Portal Wohungsboerse.net, Seite 20
Projekt Dietenbach, Seite 21
Projekt Wohnen für alle, Seite 21
Protestbewegungen, Seite 16
Proteste, Seite 16
Protestmarsch, Seite 17
Quadratmeterpreis, Seite 18
Quellen, Seite 75-89
Ranking, Seite 7, 73
Ranking coolste Stadtviertel der Welt, Seite 10
Rechtsanspruch, Seite 29
Regional-Hymnen, Seite 10
Register, Seite 91-100
Renovierungsstand, Seite 23

Rückzahlung, Seite 26
Ruhrstadt, Seite 71
Sachsen, Seite 65
Sachsen-Anhalt, Seite 49
Satzung, Seite 25
Schattenmiete, Seite 18
Schleswig-Holstein, Seite 61
Segregation, Seite 43
Seniorenwohnungen, Seite 30
Sexuelle Belästigung, Seite 15
Slogans, Seite 16, 24
Solidargemeinschaft, Seite 24
Sozialwohnungen, Seite 30-31
Spareinrichtung, Seite 25
Speckgürtelgemeinden, Seite 20
Staatshilfen, Seite 20
Stadt am Rhein, Seite 30
Stadt an der Wupper, Seite 69
Stadtgesellschaften, Seite 15
Stadtküste, Seite 53
Städte der Welt, Seite 15
Städte-Hymnen, Seite 10, 35
Städteranking 2019, Seite 14, 28-29
Staffelmiete, Seite 18
Stuttgart, Seite 14, 19-20, 28-29, 45
Subjektive Aspekte, Seite 73
Technikstadt, Seite 57
Thüringen, Seite 41

Top-15-Großstädte, Seite 15
Über den Autor, Seite 103
Umzugsgründe, Seite 27
Unternehmensberatung Mercer, Seite 29
Urbanisierung, Seite 15
Verbände, Seite 27
Verbraucherzentrale, Seite 27
Vereinte Nationen, Seite 15
Vergabegrundsätze, Seite 30
Vergleichsmiete, Seite 21
Vermieterbescheinigung, Seite 31
Vertreter, Seite 26
VLW, Seite 30, 32, 65-68
Vordrucke, Seite 32
Vorteile und Nachteile WBG, Seite 24-26
Vorwort, Seite 7
Wahlheimat, Seite 14, 19
Warmmiete, Seite 18
Wartezeit, Seite 30
WBG, Seite 23-26
WBG Kiel-Ost, Seite 30, 32, 61-64
WBG Zukunft, Seite 30, 32, 41-44
Webseiten, Seite 77-79
Weltstadt, Seite 33, 53
WG-Wohnungen, Seite 30
Wiesbaden, Seite 28-29
Wikipedia, Seite 79-81
Wohlfühlstädte, Seite 14

Wohnbaugenossenschaften, Seite 7, 73, 81-82
Wohnbegriffe, Seite 16-17
Wohnberechtigungsschein, Seite 31
Wohneigentumsquote, Seite 24
Wohneinheiten, Seite 11, 23
Wohngebiete, Seite 26
Wohnobjekt Berlin-Pankow, Seite 36
Wohnobjekt Düsseldorf-Garath, Seite 40
Wohnobjekt Erfurt-Rieth, Seite 44
Wohnobjekt Freiburg-Stühlinger, Seite 48
Wohnobjekt Halle-Trotha, Seite 52
Wohnobjekt Hamburg-Wilhelmsburg, Seite 56
Wohnobjekt Karlsruhe-Rüppurr, Seite 60
Wohnobjekt Kiel-Ellerbek, Seite 64
Wohnobjekt Leipzig-Eutritzsch, Seite 68
Wohnobjekt Wuppertal-Barmen, Seite 72
Wohnqualität, Seite 73
Wohnraummangel, Seite 15
Wohnrecht, Seite 25
Wohnthemen, Seite 73
Wohnumfeld, Seite 7
Wohnen in Berlin, Seite 33-35
Wohnen in Düsseldorf, Seite 37-39
Wohnen in Erfurt, Seite 41-43
Wohnen in Freiburg, Seite 45-47
Wohnen in Halle (Saale), Seite 49-51
Wohnen in Hamburg, Seite 53-56
Wohnen in Karlsruhe, Seite 57-59

Wohnen in Kiel, Seite 61-63
Wohnen in Leipzig, Seite 65-67
Wohnen in Wuppertal, Seite 69-71
Wohnen ist Lifestyle, Seite 9-12, 73
Wohnungsangebote, Seite 7, 28, 30
Wohnungsbestand, Seite 23, 27, 30
Wohnungsbewerbung, Seite 30, 73
Wohnungsbezug, Seite 31
Wohnungskündigung, Seite 15
Wohnungsmarkt, Seite 13-15, 17-21
Wohnungsmiete, Seite 29
Wohnungspolitik, Seite 16
Wohnungssuche, Seite 27-30
Wohnungsunternehmen, Seite 23
Wohnungsvergabe, Seite 27, 29
Wohnungswarteliste, Seite 30
Wohnungszuteilung, Seite 30
Worms, Seite 28
Wunschort, Seite 27-28
Wunsch und Wirklichkeit, Seite 17-21
Wuppertal, Seite 28-30, 69, 73
Wuppertal-Barmen, Seite 70-72
Zeitschriften, Seite 82-85
Zeitungen, Seite 85-90
Zentrum Kiel-Region, Seite 61
Ziele für nachhaltige Entwicklung, Seite 15
Zitate, Seite 6

21 Über den Autor

Der Bankkaufmann und Betriebswirt Jürgen Lang, Jahrgang 1963, ist seit Jahren in der Finanzbranche tätig. Es ist seine Berufung. Sein Metier sind Aktien sowie Geldanlage.

Bisher war er im Aktiv- und Passivgeschäft von Banken sowie im Finanzvertrieb von namhaften Versicherungen tätig. Hinzu kamen Führungsverantwortung und Sonderaufgaben. Weitere Zusatzqualifikationen sind bis dato Rechnungsführer (BW), Wertpapierberater B sowie Versicherungsfachmann (BWV).

Derzeit erstellt er Handlungslösungen für Investoren und Manager. Dazu nutzt der Finanzfachmann Analysen, Erfolgskennzahlen sowie Marktwissen. Schwerpunkte seiner bisherigen Publikationen sind Belletristik und Sachbücher. Für sein Engagement wurde der gebürtige Karlsruher mehrfach ausgezeichnet.

Er lebt und arbeitet als freier Analyst und Buchautor in Freiburg im Breisgau.